A Terra na palma da mão

Dados Internacionais de Catalogação na Publicação (CIP)
(Câmara Brasileira do Livro, SP, Brasil)

Boff, Leonardo
  A Terra na palma da mão : uma nova visão do planeta e da humanidade / Leonardo Boff. – Petrópolis, RJ : Vozes, 2016.

  Bibliografia
  ISBN 978-85-326-5142-6

  1. Civilização 2. Crises 3. Cultura 4. Ecologia humana 5. Espiritualidade 6. Humanidade 7. Meio ambiente 8. Terra (Planeta) I. Título.

15-08115   CDD-128

Índices para catálogo sistemático:
1. Humanidade : Antropologia filosófica 128
2. Ser humano : Antropologia filosófica 128

LEONARDO BOFF

A Terra na palma da mão

Uma nova visão do planeta e da humanidade

EDITORA
VOZES

Petrópolis

© by Animus/Anima Produções Ltda.
Caixa Postal 92.144 – Itaipava
25741-970 Petrópolis, RJ
www.leonardoboff.com

Direitos de publicação em língua portuguesa:
2016, Editora Vozes Ltda.
Rua Frei Luís, 100
25689-900 Petrópolis, RJ
www.vozes.com.br
Brasil

Todos os direitos reservados. Nenhuma parte desta obra poderá ser reproduzida ou transmitida por qualquer forma e/ou quaisquer meios (eletrônico ou mecânico, incluindo fotocópia e gravação) ou arquivada em qualquer sistema ou banco de dados sem permissão escrita da editora.

Diretor editorial
Frei Antônio Moser

Editores
Aline dos Santos Carneiro
José Maria da Silva
Lídio Peretti
Marilac Loraine Oleniki

Secretário executivo
João Batista Kreuch

Editoração: Maria da Conceição B. de Sousa
Diagramação: Sheilandre Desenv. Gráfico
Capa: Adriana Miranda

ISBN 978-85-326-5142-6

Editado conforme o novo acordo ortográfico.

Este livro foi composto e impresso pela Editora Vozes Ltda.

Sumário

Prefácio, 9

Primeira parte – Como enfrentar a sexta extinção em massa, 15
1 Duas cosmologias em conflito, 17
2 Cosmologia da dominação em crise, 21
3 O paradigma planetário, 24
4 A era do ecozoico contra a era do antropoceno, 27
5 Como enfrentar a sexta extinção em massa, 30
6 A vida procede do caos generativo, 34
7 Podemos saber o que é finalmente a vida?, 37
8 O que é finalmente o ser humano, 41
9 O espírito está primeiramente no universo e depois em nós, 44
10 Ser humano: a porção consciente da Terra, 47
11 Competição ou colaboração: O que é mais originário?, 51
12 O ilusório gene egoísta, 55
13 O princípio ganha-ganha *versus* o princípio ganha-perde, 58
14 Ciência, religião e espiritualidade, 62
15 Religião, teologia e teorias de "Tudo", 66

Segunda parte – O ser humano tem jeito?, 69
1 Novo padrão ético: o punho cerrado ou a mão entrelaçada?, 71
2 Uma questão intrigante: O ser humano tem jeito?, 75
3 Somos sapientes e demasiadamente dementes, 78
4 Fala o exterminador de milhões de judeus: Rudolf Höss, 83

5 A compaixão: nossa verdadeira humanidade, 87
6 O bem comum da nação, da Terra e da humanidade, 90
7 Não há guerra justa nem santa, porque ela mata, 95
8 Até onde vai a liberdade de expressão?, 98
9 O direito de nascer e de morrer com dignidade, 102
10 Francisco de Assis: nele o ser humano teve jeito, 108

Terceira parte – Ecologia e as novas formas de democracia, 113
1 A guerra contra Gaia que jamais ganharemos, 115
2 Podemos deter o "Titanic ecológico?", 119
3 Fim de uma era, uma nova civilização ou o fim do mundo?, 123
4 Quando começou nosso erro?, 127
5 A Terra: sujeito de dignidade e de direitos, 130
6 *A Carta da Terra*: promessa de uma Terra feliz, 133
7 A quem pertence a Terra?, 137
8 Se conhecêssemos os sonhos dos brancos..., 142
9 O desafio atual: a injustiça social e a injustiça ecológica, 150
10 A ecologia e as novas formas de democracia, 153
11 Rever os fundamentos de nosso modo de viver, 157
12 O preço de não escutar a natureza, 160
13 Outro paradigma: obedecer à natureza, 164
14 A revisitação da sabedoria ancestral indígena, 167
15 Em nós está toda a memória do universo, 170
16 Papa Francisco: os direitos da Mãe Terra e o cuidado pela Casa Comum, 175

Quarta parte – Ver com os olhos do coração, 185
1 A perda do sentido das coisas, 187
2 Motores da "nave espacial Terra", 192
3 Nossos filhos e netos nos amaldiçoarão?, 196
4 Chegou o dia do juízo sobre a nossa cultura?, 199
5 Mística e religião: como se relacionam?, 203

6 Crer, apesar dos cataclismos e das maldades humanas, 206
7 A fé como aposta: uma chance para todos, 209
8 Espiritualidade e cuidado na educação, 212
9 O Espírito vem primeiro: chega antes do missionário, 215

Quinta parte – Figuras seminais e exemplares, 219
1 Um líder seminal: José Mujica, ex-presidente do Uruguai, 221
2 Houve um profeta, enviado por Deus, chamado Gentileza, 225
3 Um evangelho sem poder: as parteiras de um povo indígena, 230
4 Perder-se para encontrar-se: o monge, o gato e a lua, 235
5 Toda arrogância será castigada: ontem, hoje e sempre, 239
6 Por que os grandes não cuidam dos pequenos?, 243
7 Uma parábola sempre atual: o palhaço de Kierkegaard, 246
8 Um desafio permanente: casar o Céu com a Terra, 251
9 O homem que sempre esperava o advento de Deus, 255

Conclusão – O verdadeiro Gênesis não está no começo, mas no fim, 259

Livros de Leonardo Boff, 261

Prefácio

A situação mundial se caracteriza por crises de toda ordem e por graves perturbações que ameaçam a continuidade de nossa civilização e até mesmo a subsistência da vida no planeta. Diante disso, muitos, angustiados, se perguntam: Para onde vamos? Quando os níveis de erosão da biodiversidade irão parar, já que dependemos dela para garantir o nosso futuro?

Ninguém, nem o papa nem o Dalai-Lama, nem algum sábio saído dos grandes centros que acompanham sistematicamente o estado da Terra pronunciam uma palavra segura. Estamos num voo cego com a esperança de que não seremos levados a um choque contra alguma montanha. Mesmo assim, cremos e esperamos que as dores do tempo presente não signifiquem os estertores de um moribundo, mas as dores de parto de um outro tipo de mundo que nos permita ainda viver neste pequeno e belo Planeta Terra.

Intuímos que ele não pode terminar por um colapso à semelhança de uma pessoa que tranquilamente está conversando e, de repente, tomba pesadamente por um enfarte fulminante. Temos, sim, agredido demasiadamente a Mãe Terra, mas, mesmo doente, ela continua nos dando generosamente o que precisamos. Mas até quando, já encostamos em seus limites físicos. Não podemos mais ir além, sob o risco de que ela já não nos queira mais sobre seu solo. Sua capacidade de suporte, a famosa resiliência, conhece uma fronteira que não pode ser ultrapassada.

Abordaremos essas questões no presente livro – *A Terra na palma da mão* –, tentando denunciar as ameaças e, mais do que isso, apresentando saídas esperançosas.

Se por um lado se constatam perigosos eventos extremos e situações caóticas em quase todos os níveis – no ecológico, no político, no econômico, no cultural e até mesmo no religioso –, por outro se nota a emergência de alternativas, verdadeiros brotos de esperança. Tal ocorre nas áreas da produção sem poluição e de alimentos orgânicos. Percebe-se um crescente cuidado em relação às águas e suas matas ciliares. Busca-se a preservação das sementes crioulas e o aproveitamento sistemático de materiais sólidos recicláveis. Surgem atitudes de mais respeito em relação à natureza, com a consciência de nossa responsabilidade pelo *bien vivir* e *bien convivir* de todos, visando superar o imenso fosso entre ricos e pobres. Verifica-se uma preocupação pela Terra como um todo, aceita sempre mais como *mãe* e um superorganismo vivo, denominado Gaia pelos modernos e Pachamama pelos povos originários.

Enfim, a humanidade não está parada, aguardando, impassível e resignada, o *big one*, a grande catástrofe que nos pode afetar profundamente. Queremos nos antecipar e transformar uma tragédia eventual em crise de passagem para um nível superior de convivência com a natureza e com os diferentes povos.

Tudo isso se encontra dentro das potencialidades da história humana e de cada pessoa, suscetível às mudanças necessárias, pois é, por constituição, um ser versátil, flexível e adaptável às mais diferentes circunstâncias. Foi assim que no passado atravessamos as muitas crises, seja das mutações climáticas, seja aquelas de passagem de uma civilização a outra.

Duas poderosas eras geológicas se confrontam, ambas produzidas pelo ser humano: a do *antropoceno* e a do *ecozoico*.

O *antropoceno* seria, segundo vários cientistas, a nova era geológica, inaugurada já no século XIX, quando os europeus ocidentais se lançaram ferozmente na conquista e na dominação da natureza e de todo o planeta com os instrumentos da tecnociência. Esse propósito foi, em grande parte, alcançado e tornado global, mas cobrou custos altíssimos da sociedade e da natureza.

A vontade de dominar para acumular e acumular para consumir de forma ilimitada criou o fosso perverso entre os poucos ricos e os muitos pobres: a injustiça social.

Esse projeto espoliou sem piedade ecossistemas inteiros, sem considerar os limites dos bens e serviços não renováveis da natureza, deixando para trás terras calcinadas, rios diminuídos, solos envenenados e ares poluídos. Produziu uma injustiça ecológica.

Esse tipo de injustiça comprometeu a qualidade da vida humana e estressou profundamente o sistema-vida e o sistema-Terra, a ponto de nos perguntarmos: "Para onde vamos com este tipo de estratégia? Dificilmente nos conduzirá ao Monte das Bem-aventuranças". O risco de nos aproximarmos de um abismo sem oportunidade de retorno é muito grande.

A era do *ecozoico* foi formulada nos últimos anos por aqueles que se deram conta dos riscos que a vida e o planeta correm se prolongarmos o caminho já andado. *Ecozoico* é uma expressão cunhada por dois norte-americanos, pelo conhecido cosmólogo Brian Swimme e pelo antropólogo das culturas Thomas Berry, no livro escrito a quatro mãos: *The Universe Story* (São Francisco: Harper, 1992) – Narrativa do Universo – uma das melhores sínteses de todo o processo evolucionário, do *big-bang* até os nossos dias.

Para eles, estamos entrando forçosamente na era em que a ecologia ganhará centralidade, na qual todos os saberes serão ecologizados, no sentido de todos darem sua contribuição na regeneração e salvaguarda da vida e do Planeta Terra.

No ecozoico se trabalha uma real alternativa à nossa civilização de morte, propondo uma civilização da sustentação de toda a vida. O eixo estruturador das sociedades ou da geossociedade será a vida; a vida em sua imensa diversidade, a vida humana e a vida da Mãe Terra.

Será necessário produzir para atender às necessidades humanas, mas sempre dentro dos limites de suporte de cada ecossistema, no respeito às leis e ritmos da natureza e reconhecendo o valor intrínseco de cada ser, para além do eventual uso humano. Particularmente se devotará grande cuidado para com a Mãe Terra, que será amada e respeitada como o fazemos com nossas mães.

Leva-se a sério a grave advertência que abre *A Carta da Terra*: "Estamos num momento crítico da história da Terra, numa época em que a humanidade deve escolher o seu futuro [...]. A escolha é esta: ou formar uma aliança global para cuidar da Terra e uns dos outros ou arriscar a nossa destruição e a exterminação da diversidade da vida" (Preâmbulo).

Como se depreende, a situação é ameaçadora e demanda a colaboração de todos na construção de uma "Arca de Noé" salvadora de todos.

Como já se disse: se grande é o risco, maior ainda será a chance de salvação, pois o sentido prevalece sobre o absurdo e a vida sempre terá a última palavra.

É nesse espírito de urgência que estas reflexões foram elaboradas, na confiança inarredável que ainda teremos futuro e que a Mãe Terra continuará a nos hospedar generosamente.

L.B.
Petrópolis, Páscoa de 2015.

PRIMEIRA PARTE

Como enfrentar a sexta extinção em massa

1
Duas cosmologias em conflito

Não são poucos os que se perguntam: Qual será o legado da crise econômico-financeira de 2008? Ninguém sai ileso de uma crise, especialmente dessa, de proporções planetárias. Ninguém sabe ao certo. Mas eu suspeito que será um grande debate de ideias sobre o futuro da Terra, da vida e de nossa civilização. Em outras palavras, será efetivamente o grande debate em torno das duas cosmologias presentes no cenário da história em conflito. Cada qual projeta a sua visão de futuro.

Por *cosmologia* entendemos a visão do mundo – cosmovisão – que subjaz às ideias, às práticas, aos hábitos e aos sonhos de uma sociedade. Cada cultura possui sua respectiva cosmologia. Por ela se procura explicar a origem, a evolução e o propósito do universo e definir o lugar do ser humano dentro dele.

Nossa cosmologia atual é a da conquista, da dominação e da exploração do mundo em vista do progresso e do crescimento ilimitado. Caracteriza-se por ser antropocêntrica, mecanicista, determinística, atomística e reducionista. Por força dessa cosmovisão chegou-se ao fato de que 20% da população mundial controlam e consomem 80% de todos os recursos naturais, criando um fosso entre ricos e pobres, como jamais houve na história. Metade das grandes florestas foi destruída,

65% das terras agricultáveis foram perdidas, entre 70 e 100 mil espécies de seres vivos desaparecem anualmente e mais de mil agentes químicos sintéticos – a maioria tóxicos – são lançados no solo, no ar e nas águas.

Construíram-se armas de destruição em massa, capazes de eliminar toda a vida humana. O efeito final é o desequilíbrio do sistema-Terra, que se expressa pelo aquecimento global. Com os gases já acumulados, até 2035 fatalmente se chegará a 2 °C, e se pouco fizermos para reduzir os gases de efeito estufa poderemos chegar, antes do final do século, a 4-5 °C, o que tornará a vida, assim como a conhecemos hoje, praticamente impossível, e a própria espécie humana correria risco de desaparecer.

A predominância dos interesses econômicos especialmente especulativos (fazer dinheiro sem trabalho e sem produção), capazes de reduzirem países à mais brutal miséria e ao consumismo, trivializaram nossa percepção do risco sob o qual vivemos e conspiram contra qualquer mudança de rumo.

Em contraposição, está se desenvolvendo intensamente uma cosmologia alternativa e potencialmente salvadora: a cosmologia da transformação. Ela já tem mais de um século de elaboração e ganhou sua melhor expressão em *A Carta da Terra*. Deriva-se das ciências do universo, da Terra e da vida. Situa nossa realidade dentro da cosmogênese, aquele imenso processo de evolução que se iniciou a partir do *big-bang*, há cerca de 13,7 bilhões de anos.

O universo está continuamente se transformando, se expandindo, se auto-organizando e se autocriando. Seu estado natural é a evolução, e não a estabilidade; a transformação e a adaptabilidade, e não a imutabilidade e a permanência. Nele tudo é relação em redes, e nada existe fora dessa relação. Por isso todos os seres são interdependentes e colaboram entre si para coevoluírem e garantirem o equilíbrio de todos os fatores. O centro não reside na acumulação de bens materiais, mas na sustentação de toda vida.

A transformação pertence à lógica da vida: uma semente se transforma em caule, em tronco, em folhas, em copa, em flores e em frutos. Da mesma forma, cada organismo vivo é nós mesmos. Não somos os mesmos de quando éramos crianças nem seremos os mesmos quando estivermos nos despedindo deste mundo. Tudo é transformação, especialmente na morte, quando se dá o grande passo alquímico e se passa para outro nível e outra ordem de vida. Não acabamos com a morte; transformamo-nos, a partir da morte, para formas mais altas e complexas de vida. Os cristãos costumam dizer: "Não vivemos para morrer. Morremos para ressuscitar, para nos transformar em homens e mulheres novos.

Por trás de todos os seres atua a Energia de Fundo, também chamada de Abismo Alimentador de Todo o Ser, que deu origem e anima o universo, fazendo surgir emergências novas. A mais espetacular delas é a Terra viva e nós humanos como sua porção consciente e inteligente, com a missão de cuidar dela.

Vivemos tempos de urgência. O conjunto das crises atuais está criando uma espiral de necessidades de mudanças que, não sendo implementadas, nos conduzirão fatalmente a um colapso. Mas, se assumidas, poderão nos elevar a um patamar mais alto de civilização.

É neste momento que a nova cosmologia se revela inspiradora. Ao invés de dominar a natureza, coloca-nos em seu seio, e em profunda sintonia e sinergia. Ao invés de uma globalização unificadora das diferenças, nos sugere o *biorregionalismo*, que valoriza as diferenças de cada ecossistema.

Esse modelo procura construir sociedades autossustentáveis dentro das potencialidades das biorregiões, baseadas na ecologia, na cultura local e na participação das populações, respeitando a natureza e buscando o bem-viver, que é a harmonia entre todos e com a Mãe Terra.

O que caracteriza essa nova cosmologia é o cuidado no lugar da dominação; o reconhecimento do valor intrínseco de cada ser, e não sua mera utilização humana; o respeito por toda a vida, os direitos e a dignidade da natureza, e não sua exploração.

A força dessa cosmologia reside no fato de estar mais de acordo com as reais necessidades humanas e com a lógica do próprio universo. Se optarmos por ela será criada a oportunidade de uma civilização planetária na qual a vida da Terra e do ser humano – o cuidado, a cooperação, o amor, o respeito, a alegria e espiritualidade – ganharão centralidade. Será a grande virada salvadora que urgentemente precisamos.

2
Cosmologia da dominação em crise

Mencionamos no capítulo anterior o conflito de duas cosmologias, a da conquista e a da transformação. A conquista implica dominação, e a dominação produz imenso sofrimento, especialmente aquele produzido pela atual crise econômico-financeira, em todos os estratos sociais, sejam ricos, sejam pobres. Mais do que a admiração é o sofrimento que nos faz pensar. É o momento de irmos para além do aspecto econômico-financeiro da crise e descermos aos fundamentos que a provocaram. Caso contrário, suas causas continuarão a produzir crises cada vez mais dramáticas, até se transformarem em tragédias de dimensões planetárias.

O que subjaz à atual crise é a ruptura da clássica cosmologia que perdurou por séculos, mas que não dá mais conta das transformações ocorridas na humanidade e no Planeta Terra. Ela surgiu há pelo menos 5 milênios, quando começaram a se constituir os grandes impérios; ganhou força com o Iluminismo e culminou com o projeto de tecnociência contemporâneo.

Ela partia de uma visão mecanicista e antropocêntrica do universo: as coisas estão aí, uma ao lado da outra, sem conexão entre si, regidas por leis mecânicas. Elas não possuem valor intrínseco, apenas valem na medida em que se ordenam ao uso humano. O ser humano era entendido como se estivesse fora e acima da natureza, como seu dono e senhor (*maître et possesseurs*, na expressão de René Descartes), que podia dispor dela a seu bel-prazer. Partia de uma falsa pressuposição de que poderia produzir e consumir de forma ilimitada dentro de um planeta limitado. Essa abstração fictícia chamada dinheiro representava o valor maior. Já a competição e a busca do interesse individual resultariam em bem-estar geral. Era a cosmologia da dominação.

Foi essa cosmologia que levou a crise ao âmbito da ecologia, da política, da ética e agora da economia. As ecofeministas nos chamaram atenção para a estreita conexão existente entre o antropocentrismo e o patriarcalismo, que desde o neolítico faz violência às mulheres e à natureza.

Felizmente, a partir de meados do século passado, vindo de várias ciências da Terra – especialmente da Teoria da Evolução Ampliada –, está se impondo uma nova cosmologia, mais promissora e com virtualidades capazes de contribuir, de forma criativa, na travessia da crise. Ao invés de um cosmos fragmentado, composto pela soma de seres mortos e desconectados, a nova cosmologia vê o universo como o conjunto de sujeitos relacionais, todos inter-retro-conectados. Espaço, tempo, energia, informação e matéria são dimensões de um único Grande Todo. Mesmo os átomos, mais do que partículas, são entendidos como ondas, cordas ou fibras com bilhões de vibrações por segundo. Antes que uma máquina, o cosmos, incluindo a Terra, comparece como um organismo vivo que se autorregula, se adapta, evolui e eventualmente, em situações de crise, dá saltos buscando um novo equilíbrio.

A Terra, segundo renomados cosmólogos e biólogos, é um planeta vivo – Gaia – que articula o físico, o químico, o biológico de tal forma que se torna sempre benfazeja para a vida. Todos os seus elementos são dosados de uma forma tão sutil, que somente um organismo vivo poderia fazê-lo. Somente a partir dos últimos decênios, e agora de maneira inequívoca, dá sinais de estresse e de perda de sustentabilidade. Tanto o universo quanto a Terra se mostram direcionados por um propósito que se revela pela emergência de ordens cada vez mais complexas e conscientes. Nós mesmos somos a parte consciente e inteligente do universo e da Terra. Pelo fato de sermos portadores dessas capacidades, podemos enfrentar as crises, detectar o esgotamento de certos hábitos culturais (paradigmas) e inventar novas formas de sermos humanos, de produzirmos, consumirmos e convivermos. É a cosmologia da transformação, a expressão da nova era, a era ecozoica.

Precisamos nos abrir a essa nova cosmologia e crer que aquelas energias (expressão da Suprema Energia) que estão produzindo o universo há mais de treze bilhões de anos também estão atuando na presente crise econômico-financeira. Elas certamente nos forçarão a um salto de qualidade rumo a um outro padrão de produção e de consumo, que efetivamente nos salvaria, pois seria mais conforme à lógica da vida, aos ciclos de Gaia e às cotidianas necessidades humanas.

3
O paradigma planetário

A globalização comporta um fenômeno mais profundo que o econômico-financeiro. Implica a inauguração de uma nova fase da história da Terra e da humanidade. O filósofo das ciências Thomas Kuhn e o físico quântico Fritjof Capra, para entendê-lo, introduziram no debate a questão da mudança de paradigma. Sim, estamos mudando de paradigma civilizacional.

Com isso queremos dizer: está nascendo um outro tipo de percepção da realidade, com novos valores, novos sonhos, nova forma de organizar os conhecimentos, novo tipo de relação social, nova forma de dialogar com a natureza, novo modo de experimentar a Última Realidade e nova maneira de entender o ser humano no conjunto dos seres.

Esse paradigma nascente nos obriga a operar progressivas travessias: importa passar da parte para o todo, do simples para o complexo, do local para o global, do nacional para o planetário, do planetário para o cósmico, do cósmico para o mistério e do mistério para Deus. A Terra não é simplesmente a adição do físico, do vital, do mental e do espiritual. Ela encerra todas essas dimensões articuladas entre si, formando um sistema complexo. Isso nos permite perceber que todos somos interdependentes.

O destino comum foi globalizado. Agora, ou cuidamos da humanidade e do Planeta Terra ou não teremos mais futuro algum. Até hoje podíamos consumir sem nos preocupar com a exaustão dos bens e serviços naturais; podíamos usar da água potável como quiséssemos, sem consciência de sua extrema escassez, como foi sentida nos meses de fevereiro e abril de 2015 nas grandes cidades do Sul do Brasil; podíamos ter filhos quantos desejássemos, sem temer a superpopulação; podíamos fazer guerras, sem medo de uma catástrofe completa para a biosfera e para o futuro da espécie humana. Não nos é mais permitido pensar e viver como antes. Temos de mudar como condição de nossa sobrevivência na biosfera.

Para a consolidação desse novo paradigma é importante superar o fundamentalismo da cultura ocidental, hoje mundializada, que pretende deter a única visão das coisas, válida para todos. A realidade, no entanto, desborda de todas as representações, pois está cheia de infindas virtualidades que podem se realizar sob outras formas, não ocidentais.

Por outra parte, o risco que corremos nos propicia a chance de reorganizarmos de maneira mais justa e criativa a humanidade e toda a cadeia da vida. Essa criatividade está inscrita em nosso código genético e cultural, pois só nós "fomos criados criadores" e copilotos do processo evolutivo.

O efeito final será uma Terra multicivilizacional, colorida por todo tipo de culturas, de modos de produção, de símbolos e de caminhos espirituais, todos eles acolhidos como legítima expressão do humano, com direito de cidadania na grande confederação das tribos e dos povos da Terra.

Por isso, devemos olhar para frente, recolher todos os sinais que nos apontam para um desfecho feliz de nossa perigosa travessia e gestar uma atmosfera de benquerença e de irmandade que nos permita viver minimamente felizes neste pequeno planeta, escondido num canto de uma galáxia média, no interior de um sistema solar de quinta, mas sob o arco-íris da boa vontade humana e da benevolência divina.

As palavras iluminadas do ex-presidente da República Checa, Vaclav Havel, nos desafiam: "A tarefa política central nos próximos anos será a criação de um novo modelo de coexistência entre as diversas culturas, povos, etnias e religiões, formando uma só civilização interconectada".

4
A era do ecozoico contra a era do antropoceno

A visão de mundo imperante, mecanicista, utilitarista, antropocêntrica e sem respeito pela Mãe Terra e pelos limites de seus ecossistemas só pode levar a um impasse perigoso: liquidar com as condições ecológicas que nos permitem manter nossa civilização e a vida humana neste esplendoroso planeta. A esse fenômeno os cientistas estão denominando *era do antropoceno*. Com isso se quer denunciar que o grande risco para a sobrevivência da espécie humana e da biosfera é o próprio ser humano, ultra-agressivo e irresponsável.

Mas como tudo tem dois lados, vejamos o lado promissor da atual crise: o alvorecer de uma nova era, a do ecozoico. Esta expressão foi sugerida por um dos maiores astrofísicos atuais, diretor do Centro para a História do Universo, do Instituto de Estudos Integrais da Califórnia: Brian Swimme.

O que significa a era do ecozoico? Significa colocar o ecológico como a realidade central a partir da qual se organizam as demais atividades humanas, principalmente a econômica, de sorte que se preserve o capital natural e se atenda as necessidades de toda a comunidade-vida, presente e futura. Disso resulta um equilíbrio em nossas relações para com a natureza e a sociedade no sentido da sinergia e da mútua pertença, deixando aberto o caminho para frente.

Vivíamos sob o mito do progresso. Mas este foi entendido de forma distorcida como controle humano sobre o mundo não humano para termos um PIB cada vez maior. A forma correta é entender o progresso em sintonia com a natureza, e sendo medido pelo funcionamento integral da comunidade terrestre. O Produto Interno Bruto não pode ser feito às custas do Produto Terrestre Bruto. Aqui está o nosso pecado original.

Esquecemos que estamos dentro de um processo único e universal – a cosmogênese – diverso, complexo e ascendente. Das energias primordiais chegamos à matéria, da matéria à vida, da vida à consciência e da consciência à mundialização. O ser humano é a parte consciente e inteligente desse processo. É um evento acontecido no universo, em nossa galáxia, em nosso sistema solar, em nosso planeta e nos nossos dias.

A premissa central do ecozoico é entender o universo enquanto conjunto das redes de relações de todos com todos. Nós humanos somos essencialmente seres de intrincadíssimas relações. Também é entender a Terra com um superorganismo vivo que se autorregula e que continuamente se renova. Dada a investida produtivista e consumista dos humanos, este organismo está ficando doente e incapaz de "digerir" todos os elementos tóxicos que produzimos nos últimos séculos. Pelo fato de ser um organismo, não pode sobreviver em fragmentos, mas em sua integralidade. Nosso desafio atual é manter a integridade e a vitalidade da Terra. O bem-estar da Terra é o nosso bem-estar.

Mas o objetivo imediato do ecozoico não é simplesmente diminuir a devastação em curso, mas também alterar o estado de consciência, responsável por essa devastação. Quando surgiu o cenozoico (a nossa era, há 66 milhões de anos), o ser humano não teve influência alguma sobre ele. De mais a mais, o nosso ancestral apenas acabava de imergir no processo da evolução. Agora no ecozoico, muita coisa passa por nossas decisões: se preservamos uma espécie ou um ecossistema ou os condenamos ao desaparecimento. Nós copilotamos o processo evolucionário.

Positivamente, o que a era ecozoica visa, no fim das contas, é alinhar as atividades humanas com as outras forças operantes em todo o planeta e no universo, para que um equilíbrio criativo seja alcançado e, assim, possamos garantir um futuro comum. Isso implica outro modo de imaginar, de produzir, de consumir e gerar significado à nossa passagem por este mundo. Esse significado não nos vem da economia, mas do sentimento do sagrado diante do mistério do universo e de nossa própria existência. Isso é a espiritualidade.

Mais e mais pessoas estão se incorporando à era ecozoica, que, como se depreende, está cheia de promessas, abrindo-nos uma janela para um futuro de vida e de alegria. Precisamos fazer uma convocação geral para que ela seja generalizada em todos os âmbitos e plasme a nova consciência.

5
Como enfrentar a sexta extinção em massa

Nos últimos tempos, segundo notáveis cientistas, o ser humano inaugurou uma nova era geológica: o antropoceno. Isso significa: ele (o homem – *anthropos* em grego) comparece como a grande ameaça à biosfera e o eventual exterminador de sua própria civilização.

Há muito os biólogos e cosmólogos estão advertindo a humanidade sobre o nível de nossa agressiva intervenção nos processos naturais, que está acelerando enormemente a sexta extinção em massa de espécies de seres vivos. Ela já está em curso há alguns milhares de anos. Essas extinções pertencem misteriosamente ao processo cosmogênico da Terra.

Nos últimos 540 milhões de anos ela conheceu cinco grandes extinções em massa, praticamente uma em cada cem milhões de anos, exterminando grande parte da vida no mar e na terra. A última grande ocorreu há 65 milhões de anos, quando foram dizimados os dinossauros, entre outros. Mas houve outras mais recentes, com grande devastação de seres vivos. Por volta de 12 mil anos atrás ocorreu um aquecimento ameno que trouxe uma primavera à Terra. Por outro lado, no mesmo tempo, de forma misteriosa, deu-se a extinção dos grandes mamíferos; entre eles, os mamutes. Estima-se que 50% dos animais que pesavam mais de 5kg e 75% entre uma tonelada ou mais desapareceram totalmente. Curiosamente, a África foi poupada desse desastre misterioso, enquanto que todos os demais continentes foram afetados.

Até agora todas as extinções foram ocasionadas pelas forças do próprio universo e da Terra, a exemplo da queda de meteoros rasantes ou de mutações climáticas. A sexta está sendo acelerada pelo próprio ser humano. Sem a presença dele, uma espécie desaparecia a cada cinco anos. Agora, por causa de nossa agressividade industrialista e consumista, multiplicamos a extinção em cem mil vezes, diz-nos o cosmólogo Brian Swimme, em entrevista recente no *Enlighten Next Magazin*, n. 19.

Os dados são estarrecedores: Paul Ehrlich, professor de Ecologia em Standford, calcula em 250 mil espécies exterminadas por ano, enquanto Edward O. Wilson, de Harvard, dá números mais baixos, entre 27 mil e 100 mil espécies por ano (BARBAULT, R. *Ecologia geral* – Estrutura e funcionamento da biosfera. Petrópolis: Vozes, 2011, p. 318).

O ecólogo E. Goldsmith, da Universidade da Geórgia, afirma que a humanidade ao tornar o mundo cada vez mais empobrecido, degradado e menos capaz de sustentar a vida, tem revertido em três milhões de anos o processo da evolução. O pior é que não nos damos conta dessa prática devastadora nem estamos preparados para avaliar o que significa uma extinção em massa. Ela significa simplesmente a destruição das bases ecológicas da vida na Terra e a eventual interrupção de nosso ensaio civilizatório e, quiçá, até de nossa própria espécie.

Thomas Berry, o pai da ecologia americana, escreveu: "Nossas tradições éticas sabem lidar com o suicídio, o homicídio e mesmo com o genocídio, mas não sabem lidar com o biocídio e o geocídio" (*Our Way into the Future*. Nova York: Bell Tower, 1990, p. 104).

Podemos desacelerar a sexta extinção em massa, já que somos seus principais causadores? Podemos e devemos! Um bom sinal é que estamos despertando a consciência de nossas origens há 13,7 bilhões de anos e de nossa responsabilidade pelo futuro da vida. É o universo que suscita tudo isso em nós porque está a nosso favor, e não contra nós. Mas ele pede a nossa cooperação, já que somos os maiores causadores de tantos danos. Agora é hora de despertar, enquanto há tempo.

O que primeiramente importa fazer é renovar o pacto natural entre Terra e humanidade. A Terra nos dá tudo o que precisamos. E nós, como retribuímos? No pacto, a nossa retribuição deveria ser o cuidado e o respeito pelos limites de suporte da Terra. Mas, ingratos, pagamos sua generosidade com chutes, facadas, bombas e também com práticas ecocidas e biocidas.

Em segundo lugar é reforçar a reciprocidade ou a mutualidade: buscar aquela relação pela qual entramos em sintonia com os dinamismos dos ecossistemas, usando-os racionalmente, devolvendo-lhes a vitalidade e garantindo-lhes sustentabilidade.

Para isso necessitamos nos reinventar como espécie que se preocupa com as demais espécies e aprende a conviver com toda a comunidade de vida. Devemos ser mais cooperativos do que competitivos; ter mais cuidado do que vontade de submeter; reconhecer e respeitar o valor intrínseco de cada ser.

O terceiro é viver a compaixão não só entre os humanos, mas também em relação a todos os seres. Desenvolver a compaixão como forma de amor e cuidado. A partir de agora eles dependem de nós, se vão continuar a viver ou se serão condenados a desaparecer.

Precisamos deixar para trás o paradigma de dominação, que reforça a extinção em massa, e viver aquele do cuidado e do respeito, que preserva e prolonga a vida. No meio do antropoceno urge inaugurar a era ecozoica, que coloca o ecológico no centro. Só assim há esperança de salvar nossa civilização e de permitir a continuidade de nosso planeta vivo.

6

A vida procede do caos generativo

Há uma vasta discussão atual acerca de questões ligadas à vida: clonagem, manipulação genética, concepção *in vitro* e outras. Ganhou as ruas. Face à importância do tema queremos apresentar algumas reflexões extraídas das ciências da Terra que nos ajudam a aprofundar nossa compreensão do que seja vida. Consultemos cientistas relevantes.

Os formuladores da Física Quântica, como Niels Bohr (1885-1962) e Werner Heisenberg (1901-1976), entre tantos pontos discordantes, convergiam nisso: a Física Quântica era boa para explicar fenômenos ligados às partículas elementares e às redes energéticas, mas insuficiente para dar conta da vida.

"A vida mostra uma diversidade tal, que ultrapassa a capacidade de compreensão da análise científica", sentenciava Bohr em sua famosa conferência de 1932 sobre "Luz e vida".

Werner Heisenberg, referindo-se a um longo diálogo com Bohr, disse: "Sonhamos com o dia em que a Biologia venha a fundir-se tão completamente com a Física e a Química quanto se fundiram a Física e a Química na Mecânica Quântica" (*Diálogos sobre a relação entre Biologia, Física e Química*, de 1930-1932).

Esse dia chegou com Ilya Prigogine (*1917), Prêmio Nobel de 1977, ao aplicar os princípios da Física Quântica aos fenômenos longe do equilíbrio; portanto, em situação de caos. Tudo funcionou a contento, ao mostrar que a vida emerge do caos (*Order out of chaos*); portanto, a vida irrompe da matéria quando esta está longe do equilíbrio. A vida representa auto-organização da matéria (*autopoiesis*).

Para apreendermos a relevância dessa afirmação precisamos ultrapassar a compreensão "materialista" da matéria e resgatar seu sentido originário: de *mater* (mãe, donde vem matéria) de todas as coisas. A matéria é energia densificada, é altamente interativa, é fonte de espiritualidade, como sempre enfatizava Pierre Teilhard de Chardin.

Atingido certo grau de complexidade da matéria, nos diz outro Prêmio Nobel de Medicina, 1974, Christian de Duve (*1917) em seu famoso livro *Poeira vital* (1995), a vida surge como imperativo cósmico em qualquer parte do universo.

Unindo essa visão, na linha de Darwin, com a Teoria da Evolução Ampliada, gestou-se uma visão coerente de todo o universo. Já não há compartimentos estanques e paralelos; de um lado seres orgânicos e de outro seres inorgânicos. Há distintos níveis de complexidade e de ordens dentro de um *continuum* cósmico de energias em inter-retro-conexões que articulam a ordem-desordem-nova ordem, fazendo surgir, num determinado momento, a vida em toda sua esplêndida diversidade. E dentro da vida, como expressão de uma complexidade ainda maior, a consciência reflexa dos seres humanos.

Por mais diversas que sejam as formas de vida, todas elas provêm de um único ser vivo primordial, surgido há 3,8 bilhões de anos. Todos os seres vivos, desde os mais ancestrais – passando pelos dinossauros, os colibris, os cavalos e por nós, seres humanos – são formados por 20 aminoácidos e quatro ácidos nucleicos. Esse é o alfabeto universal com o qual se escrevem todas as palavras vivas, a incomensurável biodiversidade da natureza.

Fundamentalmente somos irmãos e irmãs, em consequência de uma constatação científica, coisa que São Francisco, pelo caminho da mística cósmica, já havia intuído há 8 séculos.

Se fizermos desse dado objetivo do processo cosmogênico e biogênico nosso projeto da vontade política coletiva e propósito pessoal, seremos capazes de transformar o mundo: surgirá uma nova democracia sociocósmica, um pacto social que não incluirá apenas seres humanos, mas toda a comunidade de vida, finalmente reconciliada consigo mesma e com sua raiz comum: a matéria sagrada e misteriosa do universo.

7
Podemos saber o que é finalmente a vida?

A ONU, com seus muitos organismos que se ocupam com o estado da Terra – aquecimento, florestas, águas, biodiversidade e outros itens –, ficou refém de um tema que lhe foi imposto pelo modo de produção dominante que visa explorar todos os bens e serviços da natureza em vista do crescimento material, do consumo e do "bem-estar" da humanidade.

Esse foi o tema central da grande Convenção sobre Desenvolvimento e Meio Ambiente, realizada no Rio de Janeiro em 1992. Foi aí que se oficializou a expressão que se encontra em todos os documentos oficiais e que fora construída já em 1987 pelo Relatório Brundtland, também da ONU, em Estocolmo: "Desenvolvimento sustentável".

Entretanto, mal havia passado dez anos, constatou-se que o desenvolvimento se mostrou absolutamente insustentável porque praticamente todos os itens ambientais pioraram. Viu-se que pertence à lógica desse tipo de desenvolvimento/crescimento a devastação ecológica (injustiça ecológica) e a criação de desigualdades sociais (injustiça social).

Agora a humanidade lentamente está se dando conta de que o tipo de desenvolvimento dominante pode ameaçar a vida de Gaia e o futuro da humanidade. Por isso, o tema mais urgente e fundamental é: Como garantir e salvar a vida?

Nesse contexto convém refletirmos rapidamente sobre o que é a vida. As respostas consagradas é que ela provém de Deus ou que ela é habitada por algo misterioso ou mágico.

Mas a nossa visão mudou radicalmente quando em 1953 Crick e Watson decifraram a estrutura de uma molécula do ácido desoxirribonucleico (DNA), que contém o "manual de instruções" da criação humana. A molécula DNA consiste em múltiplas cópias de uma única unidade básica, o nucleotídeo, que ocorre em quatro formas: adenina (A), timina (T), guanina (G) e citosina (C). Esse alfabeto de 4 letras se desdobra num outro alfabeto de 20 letras, que são as proteínas.

Formam o código genético que se apresenta numa estrutura de dupla-hélice ou de duas cadeias moleculares. Ele é o mesmo em todos os seres vivos. Watson e Crick concluíram: "A vida nada mais é do que uma vasta gama de reações químicas coordenadas; o "segredo" dessa coordenação é um complexo e arrebatador conjunto de instruções inscritas quimicamente em nosso DNA" (*DNA*. São Paulo: Companhia das Letras 2005, p. 424).

Com isso, a vida foi inserida no processo global da evolução. Após a grande explosão do *big-bang* há 13,7 bilhões de anos, a energia e a matéria liberadas foram se expandindo, se densificando, se complexificando e criando novas ordens à medida que avançava.

Alcançado um alto nível de complexidade da matéria, irrompeu a vida como um imperativo cósmico. A vida representa, pois, uma possibilidade presente nas energias originárias e na matéria primordial, que é matéria altamente condensada. A matéria não é "material", mas um campo altamente interativo de energias.

Este evento maravilhoso ocorreu num minúsculo planeta do sistema solar, a Terra, há 3,8 bilhões de anos. Mas ela não detém, segundo o Prêmio Nobel de Medicina Christian de Duve (1974), a exclusividade da vida. Em seu livro *Poeira vital*, escreve: "O universo não é o cosmo inerte dos físicos com uma pitada a mais de vida por precaução. O universo é vida com a necessária estrutura à sua volta; consiste em trilhões de biosferas geradas e sustentadas pelo restante do universo" (São Paulo: Objetiva, 1997, p. 383).

Não é necessário recorrer a um princípio transcendente e externo para explicar o surgimento da vida. Basta que o princípio da complexidade e de auto-organização de tudo, o princípio cosmogênico, esteja presente naquele pontozinho primordial que primeiro se inflacionou e depois explodiu, este sim criado por uma Inteligência Suprema, um Infinito Amor e Eterna Paixão.

A vida, essa floração maior do processo da evolução, hoje está ameaçada, por isso a urgência de cuidar dela. Verifica-se, por causa da agressividade do processo industrial e consumista, uma erosão fantástica da biodiversidade. Cada ano desaparecem milhares de seres vivos, nos quais talvez estivesse a fórmula secreta que nos curaria do Mal de Parkinson, do Mal de Alzheimer, da Aids e do câncer, entre outras doenças. Cada ser vivo é um livro aberto, cheio de mensagens para serem lidas. Em sua falta de inteligência o ser humano sequer abriu tal livro, e já o exterminou.

Por isso, a vida pede cuidado e reverência. Ela representa algo sagrado, a essência do próprio Deus, segundo as escrituras judeu-cristãs. Tudo no universo converge para a vida, e esta pede mais vida e anseia pela eternidade da vida.

Não sabemos exatamente o que ela seja. Podemos descrever os processos que a fazem irromper, mas ela mesma continua um mistério. E todo mistério aponta para o mistério do mundo e para o Mistério de Deus, de onde veio, em último termo, a vida, e para onde retorna.

8
O que é finalmente o ser humano?

Quem somos nós? Cada cultura, cada saber e cada pessoa procura dar uma resposta. A maioria das compreensões é insular, refém de certo tipo de visão. No entanto, as contribuições das ciências da Terra, englobadas pela Teoria da Evolução Ampliada, nos trouxeram visões complexas e totalizadoras, inserindo-nos como um momento do processo global, físico, biológico e cultural. Mas elas não fizeram calar a pergunta; antes, a radicalizaram.

Quem somos, afinal? O ser humano é uma manifestação do estado de energia de fundo, de onde tudo provém (vácuo quântico ou fonte originária de todo ser); um ser cósmico, parte de um universo entre outros paralelos, articulado em onze dimensões (Teoria das Cordas); formado pelos mesmos elementos físico-químicos e pelas mesmas energias que compõem todos os seres; habitante de uma galáxia, uma entre duzentos bilhões; dependendo do Sol, estrela de quinta categoria, uma entre outros trezentos bilhões, situada a 27 mil anos-luz do centro da Via Láctea, perto do braço interior da aspiral de Órion; morando num planeta minúsculo, a Terra, tida como um super ente vivo chamado Gaia.

Somos um elo da corrente única da vida; um animal do ramo dos vertebrados, sexuado, da classe dos mamíferos, da ordem dos primatas, da família dos hominidas, do gênero homo, da espécie *sapiens demens*; dotados de um corpo de 30 bilhões de células, continuamente renovado por um sistema genético que se formou ao longo de 3,8 bilhões de anos; portadores de três níveis de cérebro com dez a cem bilhões de neurônios: o reptiliano, surgido há 300 milhões de anos, ao redor do qual se formou o cérebro límbico, há 220 milhões de anos, e, por fim, completado pelo cérebro neocortical, surgido há cerca de 5-7 milhões de anos, com o qual organizamos conceitualmente o mundo; portadores da psique com a mesma ancestralidade do corpo, que lhe permite ser sujeito, psique estruturada ao redor do desejo, de arquétipos ancestrais e de todo tipo de emoções, e coroado pelo espírito, que é aquele momento da consciência pelo qual se sente parte de um todo maior, que o faz sempre aberto ao outro e ao infinito; capaz de intervir na natureza, de fazer cultura, de criar e captar significados e valores e se indagar sobre o sentido derradeiro do Todo, hoje em sua fase planetária, rumo à noosfera pela qual mentes e corações convergirão numa humanidade unificada.

Ninguém melhor do que Pascal († 1662) para expressar o ser complexo que somos: "O que é o ser humano na natureza? Um nada diante do infinito, e um tudo diante do nada, um elo entre o nada e o tudo, mas incapaz de ver o nada de onde é tirado e o infinito para onde é atraído". Nele se cruzam os três infinitos: o infinitamente pequeno, o infinitamente grande e o infinitamente complexo (Chardin). Sendo isso tudo, sentimo-nos incompletos e ainda nascendo. Estamos sempre na pré-história de nós mesmos. E, apesar disso, experimentamos que somos um projeto infinito que reclama seu objeto adequado, também infinito, chamado Deus.

E somos mortais. Custa-nos acolher a morte dentro da vida e a dramaticidade do destino humano. Pelo amor, pela arte e pela fé pressentimos que há algo que vai além da morte. E suspeitamos que no balanço final das coisas um pequeno gesto de amor verdadeiro que tivermos feito vale mais do que toda a matéria e a energia do universo juntas. Por isso, só vale falar, crer e esperar em Deus se Ele for sentido como prolongamento do amor, na forma do infinito.

Pertence à singularidade do ser humano não apenas apreender uma Presença, Deus, perpassando todos os seres, senão entreter com Ele um diálogo de amizade e de amor. Intui que Ele seja correspondente ao infinito desejo que sente dentro de si, Infinito que lhe é adequado e no qual pode repousar.

Ele não é um objeto entre outros, nem uma energia entre outras. Se assim fosse, poderia ser detectado pela ciência. Comparece como aquele suporte que tudo sustenta, alimenta e mantém na existência. Sem Ele tudo voltaria ao nada ou ao vácuo quântico de onde irrompeu. Ele é a força que faz o pensamento pensar, mas que não pode ser pensada. O olho que tudo vê, mas que não pode ser visto. Ele é o Mistério sempre conhecido e sempre por conhecer indefinidamente. Ele é o tudo e o nada, mas que penetra, até as entranhas, cada ser humano.

9

O espírito está primeiramente no universo e depois em nós

Para entendermos o que é espírito precisamos ir além da compreensão clássica e da moderna e incorporar a contemporânea.

A *clássica* diz: o espírito é um princípio substancial, ao lado do outro, material, o corpo. Espírito seria a parte imortal, inteligente, capaz de transcendência. Convive um determinado tempo com a outra parte, mortal, opaca e pesada. A morte separa uma da outra, com destinos diferentes: o espírito para o além, a eternidade, e o corpo para o aquém, o pó cósmico. Essa visão é dualista e não responde pela experiência de unidade que vivemos. Somos um todo complexo, e não a soma de partes.

A concepção *moderna* diz: espírito não é uma substância, mas o modo de ser, próprio do ser humano, cuja essência é a liberdade. Seguramente somos seres de liberdade porque plasmamos a vida e o mundo. Mas o espírito não é exclusivo do ser humano nem pode ser desconectado do processo evolucionário. Ele pertence ao quadro cosmogênico. É a expressão mais alta da vida que, por sua vez, é sustentada pelo restante do universo, pelas muitas energias e pela base físico-química.

A concepção *contemporânea*, fruto da nova cosmologia, diz: o espírito possui a mesma ancestralidade que o universo. Antes de estar em nós, está no cosmos. Espírito é a capacidade de inter-relação que todas as coisas guardam entre si. São as teias relacionais cada vez mais complexas, gerando unidades sempre mais altas e carregadas de significação.

Quando os dois primeiros *topquarks* primordiais começaram a se relacionar e a formar um campo relacional, lá estava irrompendo o espírito. O universo é cheio de espírito porque é reativo, panrelacional e auto-organizativo. Em certo grau, todos os seres participam do espírito.

A diferença entre o espírito da montanha e o espírito do ser humano não é de *princípio*, mas de *grau*. O mesmo princípio funciona em ambos, mas de forma diferente.

A singularidade do espírito humano é ser reflexivo e autoconsciente. Pelo espírito nos sentimos inseridos no Todo a partir de uma parte que é o corpo animado e, por isso, portador da mente. No nível reflexo, espírito significa subjetividade que se abre ao outro, se comunica e, assim, se autotranscende, gestando uma comunhão aberta, até com a suprema Alteridade.

Definindo: vida consciente, aberta ao Todo, livre, criativa, marcada pela amorosidade e o cuidado: eis o que é concretamente o espírito humano.

Se espírito é relação e vida, seu oposto não é matéria e corpo, mas morte e ausência de relação. Pertence também ao espírito a vontade de encapsulamento e a recusa de comunicação com o outro. Mas nunca o consegue totalmente, porque viver é forçosamente con-viver. Mesmo negando, não pode deixar de estar conectado e de se conectar.

Esta compreensão torna consciente o elo que liga e re-liga todas as coisas. Tudo está envolvido no imenso processo complexíssimo da evolução, perpassando todas as etapas pelo espírito que emerge, cada vez, sob formas diferentes, inconsciente em umas e consciente em outras.

Nesta acepção, espiritualidade é toda atitude e atividade que favorece a relação consciente, a vida reflexa, a comunhão aberta, a subjetividade profunda e a transcendência rumo a horizontes cada vez mais amplos, até incluir a Suprema Realidade.

Por fim, espiritualidade não é pensar Deus, mas senti-lo como o Elo que perpassa todos os seres, interconectando-os e nos constituindo juntamente com o cosmos. Ele é percebido como entusiasmo (em grego significa ter *um deus dentro*) que nos toma e nos dá vontade de viver e de criar continuamente sentido. É o Espírito vivificando nosso espírito.

10
Ser humano: a porção consciente da Terra

O ser humano consciente não deve ser considerado à parte do processo da evolução. Ele representa um momento especialíssimo da complexidade das energias, das informações e da matéria da Mãe Terra. Cosmólogos nos dizem que atingindo certo nível de conexões a ponto de criarem um uníssono de vibrações, a Terra faz irromper a consciência e com ela a inteligência, a sensibilidade e o amor.

O ser humano é aquela porção da Mãe Terra que, num momento avançado de sua evolução, começou a sentir, a pensar, a amar, a cuidar e a venerar. Nasceu, então, o ser mais complexo que conhecemos: o *homo sapiens sapiens*. Por isso, segundo o mito antigo do cuidado, de *humus* (terra fecunda) se derivou homo/homem, e de *adamah*, em hebraico (terra fértil) se originou *Adam* – Adão (o filho e a filha da Terra).

Em outras palavras, nós não estamos fora nem acima da Terra viva. Somos parte dela, junto com os demais seres que ela também gerou. Não podemos viver sem a Terra, embora ela possa continuar sua trajetória sem nós. É o legado deixado dos astronautas que tiveram a oportunidade de ver a Terra de fora da Terra. Testemunharam que, daquela distância, Terra e humanidade formavam uma única e mesma entidade.

Por causa da consciência e da inteligência somos seres com uma característica especial: a nós foi confiada a guarda e o cuidado da Casa Comum. Melhor ainda: a nós cabe viver e continuamente refazer o contrato natural entre Terra e humanidade, pois é de sua observância que se garantirá a sustentabilidade do todo.

Essa mutualidade Terra/humanidade é melhor assegurada se articularmos a razão intelectual, instrumental-analítica, com a razão sensível e cordial. Damo-nos conta mais e mais de que somos seres impregnados de afeto e de capacidade de sentir, de afetar e de ser afetados. Tal dimensão possui uma história antiquíssima, desde quando surgiu a vida há 3,8 bilhões de anos. Dela nascem as paixões, os sonhos e as utopias que movem os seres humanos para a ação.

Essa dimensão, também chamada de *inteligência emocional ou cordial*, foi recalcada na Modernidade em nome de uma pretensa objetividade da análise racional. Hoje sabemos que todos os conceitos, ideias e visões do mundo vêm impregnados de afeto e de sensibilidade (MAFFESOLI, M. *Elogio da razão sensível*. Petrópolis: Vozes, 1998. • BOFF, L. *Os direitos do coração* – O resgate da inteligência emocional. Petrópolis: Vozes 2015).

A inclusão consciente e indispensável da inteligência emocional com a razão intelectual nos move mais facilmente ao cuidado e ao respeito da Mãe Terra e de seus seres.

Junto a essa inteligência intelectual e emocional também existe no ser humano a inteligência espiritual. Esta não é um dado apenas do ser humano, mas, segundo renomados cosmólogos, uma das dimensões do universo. O espírito e a consciência têm o seu lugar dentro do processo cosmogênico. Podemos dizer que eles estão primeiro no universo e depois na

Terra e no ser humano. A distinção entre o espírito da Terra e do universo e nosso espírito não é de *princípio*, mas de *grau*.

Este espírito está em ação desde o primeiríssimo momento após o *big-bang*. Ele é aquela capacidade que o universo mostra de fazer de todas as relações e interdependências uma unidade sinfônica. Sua obra é realizar aquilo que alguns físicos quânticos (Zohar, Swimme e outros) chamam de *holismo relacional*: articular todos os fatores, fazer convergir todas as energias, coordenar todas as informações e todos os impulsos para cima e para frente, de forma que se forme um Todo e o cosmos apareça de fato como cosmos (algo ordenado), e não simplesmente a justaposição de entidades ou o caos.

É neste sentido que não poucos cientistas (A. Goswami, D. Bohm, B. Swimme e outros) falam do universo autoconsciente e de um propósito que é perseguido pelo conjunto das energias em ação. Não há como negar esse percurso: das energias primordiais passamos à matéria, da matéria à complexidade, da complexidade à vida e da vida à consciência, que nos seres humanos se realiza como autoconsciência individual, e da autoconsciência passamos à *noosfera* (Teilhard de Chardin), pela qual nos sentimos uma mente coletiva e universal.

Todos os seres participam de alguma forma do espírito, por mais "inertes" que se apresentem, como uma montanha ou um rochedo. Eles também estão envolvidos numa incontável rede de relações, relações essas que são a manifestação do espírito. Formalizando, poderíamos dizer: o espírito em nós é aquele momento da consciência em que ela sabe de si mesma, sente-se parte de um todo maior e percebe que um Elo misterioso liga e re-liga todos os seres, fazendo que haja um cosmos, e não um caos.

Esta compreensão desperta em nós um sentimento de pertença a este Todo, de parentesco com os demais seres da criação, de apreço por seu valor intrínseco pelo simples fato de existirem e de revelarem algo do mistério do universo.

Ao falarmos de sustentabilidade em seu sentido mais global precisamos incorporar esse momento de espiritualidade cósmica, terrenal e humana, para ser completa, integral e potenciar sua força de sustentação. É pela espiritualidade que percebemos o fio que tudo enlaça e entrelaça, constituindo a teia de energias que sustentam todo o universo, a nossa Terra e a nós mesmos.

11
Competição ou colaboração: O que é mais originário?

Há um fato que faz pensar: a crescente violência em todos os âmbitos do mundo, da sociedade e na natureza. Mas há um que é perturbador: a exaltação aberta da violência, especialmente nos filmes de ação, não poupando sequer o universo do entretenimento infantil.

Chegamos a um ponto culminante com a construção do princípio da autodestruição, como advertia o renomado astrofísico Carl Sagan. Por que chegamos a isso?

Seguramente são múltiplas as causalidades estruturais, e não podemos ser simplistas nesse campo. Mas há uma estrutura, erigida em princípio, que explica em grande parte a atmosfera geral de violência: a competitividade ou a concorrência sem limites, marca registrada do modo de produção capitalista e da cultura do capital.

Ela vigora primariamente no campo da economia de mercado. Aqui ocorreu o que Karl Polanyi chamou, já em 1944, de *A grande transformação*: a passagem de uma *economia* de mercado para uma *sociedade* de mercado. Nesta, tudo vira mercadoria, até as coisas mais sagradas. Tudo é feito objeto de ganho. Marx, em sua *Miséria da filosofia*, de 1847, percebeu essa tendência do capital, a de perverter o que considerávamos invendível como a virtude, o amor, a opinião, a ciência e a consciência; agora tudo pode ir para o mercado e ganhar o seu preço. Ele denomina esse tempo de "o tempo da corrupção geral e da venalidade universal". Pois esse tempo chegou e é dominante.

A competição comparece como o motor secreto de todo o sistema de produção e consumo. Quem for mais apto (forte) na concorrência quanto aos preços, às facilidades de pagamento, à variedade e à qualidade, esse vence. A competitividade opera implacável darwinismo social: seleciona os mais fortes. Estes, diz-se, merecem sobreviver, pois dinamizam a economia. Os mais fracos são peso morto, por isso são incorporados ou eliminados. Essa é a lógica feroz da exclusão.

A competitividade invadiu praticamente todos os espaços: as nações, as regiões, as escolas, os esportes, as igrejas e as famílias. Para ser eficaz, a competitividade deve ser agressiva. Quem consegue atrair mais e dar mais vantagens? Os espaços pessoais e sociais que têm valor, mas que não têm preço, como a gratuidade, a cooperação, a amizade, o amor, a compaixão e a devoção, ficam cada vez mais acantonados. Mas esses são os lugares onde respiramos humanamente, longe do jogo dos interesses. Seu enfraquecimento nos faz anêmicos, nos desumaniza, tirando-nos a oportunidade de sermos felizes.

Na medida em que prevalece sobre outros valores, a competitividade provoca mais e mais tensões, conflitos e violências. Ninguém aceita perder nem ser engolido pelo outro. Luta defendendo-se e atacando. Ocorre que após a derrocada do socialismo real, com a homogeneização do espaço econômico de cunho capitalista, acompanhada pela cultura política neoliberal, privatista e individualista, os dinamismos da concorrência foram levados ao extremo. Em consequência, os conflitos recrudesceram e a vontade de fazer guerra não foi refreada.

A potência hegemônica, os Estados Unidos, é campeã em competitividade, usando todos os meios, a infiltração nos partidos conservadores de outros países, a espionagem universal, a pressão econômica, inclusive armas, para sempre triunfar sobre os outros.

Como sair dessa lógica férrea? Resgatando e dando centralidade àquilo que outrora nos fez dar o salto da animalidade à humanidade. O que nos fez deixar para trás a animalidade foi o princípio de cooperação e de cuidado. Nossos ancestrais antropoides saíam em busca de alimento. Ao invés de cada qual comer sozinho como os animais, traziam tudo ao grupo e repartiam solidariamente entre si. Dai nasceu a cooperação, a socialidade e a linguagem.

Por esse gesto inauguramos a espécie humana enquanto humana. Face aos mais fracos, ao invés de entregá-los à seleção natural, inventamos o cuidado e a compaixão para mantê-los vivos entre nós. Eles também são filhos e filhas da Mãe Terra e têm uma mensagem a nos comunicar. Por isso, cabe respeitá-los e ouvi-los.

Há 70 milhões de anos nossos ancestrais eram pequenos mamíferos que viviam no alto das árvores, temerosos de serem comidos pelos dinossauros. Não eram maiores do que um pequeno coelho. Quem diria que eles eram os portadores originários daquilo que viemos a ser, humanos, homens e mulheres, portadores de consciência e de espírito?! Se os víssemos assim tão insignificantes, jamais imaginaríamos que deles se serviram as forças diretivas do universo e da Terra para fazer irromper um ser de inteligência, de amor e de cuidado.

Como conclusão: respeitemos cada ser, por menor que seja, pois não sabemos o mistério que carrega dentro de si e que, talvez, será revelado depois de milhares e milhares de anos de evolução.

Hoje, como outrora, são os valores ligados à cooperação, ao cuidado e à compaixão que limitarão a voracidade da concorrência, desarmarão os mecanismos do ódio e darão rosto humano e civilizado à fase planetária da humanidade. Importa começar imediatamente para que não seja tarde demais.

12
O ilusório gene egoísta

Tempos de crise sistêmica como os nossos favorecem uma revisão de conceitos e a coragem para projetar outros mundos possíveis que realizem o que Paulo Freire chamava de o "inédito viável".

É notório que o sistema capitalista imperante no mundo é consumista, individualista, visceralmente egoísta e depredador da natureza. Está levando toda a humanidade a um impasse, pois criou uma dupla injustiça: a ecológica, por ter devastado a natureza, e outra social, por ter gerado imensa desigualdade social.

Simplificando, mas nem tanto, poderíamos dizer que a humanidade se divide entre aquelas minorias que comem à tripa forra, outros bem de vida que comem satisfatoriamente, pelo menos três refeições ao dia, e aquelas maiorias que se alimentam insuficientemente, sofrendo fome crônica e ainda as doenças da fome.

Se agora quiséssemos universalizar o tipo de consumo dos países ricos para toda a humanidade, necessitaríamos, pelo menos, de três planetas Terra.

Este sistema pretendeu encontrar para o seu egoísmo uma base científica na pesquisa do zoólogo britânico Richard

Dawkins, que escreveu o seu famoso *O gene egoísta* (1976), hoje ultrapassado. Mas sua tese fez fortuna, e nas disputas ideológicas é, não raro, evocada.

A nova biologia genética mostrou, entretanto, que esse gene egoísta é ilusório, pois os genes não existem isolados, mas constituem um sistema de interdependências, formando o genoma humano que obedece a três princípios básicos da biologia: a *cooperação*, a *comunicação* e a *criatividade*. Portanto, o contrário do que a tese do gene egoísta sustentava.

Isso o demonstraram nomes notáveis da nova biologia, como a Prêmio Nobel Barbara McClintock, J. Bauer, C. Woese e outros. Bauer demonstrou que a Teoria do Gene Egoísta de Dawkins "não se funda em nenhum dado empírico". Pior, "serviu de correlato biopsicológico para legitimar a ordem econômica anglo-norte-americana", individualista e imperial (*Das kooperative Gen*. Munique: Heyne, 2008, p. 153).

Disto se deriva que se quisermos atingir um modo de vida sustentável e justo para todos os povos, aqueles que consomem muito devem reduzir drasticamente seus níveis de consumo. Isso não se alcançará sem forte cooperação, solidariedade, compaixão e uma clara autolimitação.

Detenhamo-nos nesta última, a autolimitação, pois é uma das mais difíceis de ser alcançada devido à predominância do consumismo e do desperdício, difundidos em todas as classes sociais. A autolimitação implica uma renúncia necessária para poupar os bens e serviços escassos da Mãe Terra, para tutelar os interesses coletivos e para promover uma cultura da simplicidade voluntária e da sobriedade compartida.

Não se trata de não consumir, mas de consumir de forma sóbria, solidária e responsável, levando em conta os nossos semelhantes, a toda a comunidade de vida e as gerações futuras que devem também consumir.

A limitação é, ademais, um princípio cosmológico e ecológico. O universo se desenvolve a partir de duas forças que sempre se autolimitam: as *forças de expansão* e as *forças de contração*. Sem esse limite interno a criatividade cessaria e seríamos esmagados pela contração. Se predominasse a expansão, nada se condensaria e tudo se diluiria em direção ao vazio infinito.

Na natureza funcionam os mesmos dois princípios. As bactérias, por exemplo, se não se limitassem entre si e se uma delas perdesse os limites, em bem pouco tempo ocuparia todo o planeta, desequilibrando a biosfera. Os ecossistemas garantem sua sustentabilidade pela limitação dos seres entre si, permitindo que todos possam coexistir.

Ora, para sairmos da atual crise precisamos, mais do que tudo, reforçar a cooperação de todos com todos, a comunicação entre todas as culturas e grande criatividade para delinearmos um novo paradigma de civilização. É preciso darmos adeus definitivo ao individualismo que inflacionou o "ego" em detrimento do "nós". Nesse "nós" estão incluídos não apenas os seres humanos, mas toda a comunidade de vida, a Terra e o próprio universo.

É pelo "nós" que nos fazemos seres sociais, construímos as mais diferentes comunidades e sociedades, as culturas e tudo o que está ligado à cooperação, à sinergia e à solidariedade a partir de baixo, dos últimos e aberta a todos.

13

O princípio ganha-ganha *versus* o princípio ganha-perde

Se olharmos o mundo como um todo percebemos que quase nada funciona a contento. A Terra está doente. E como somos, enquanto humanos, também Terra (homem vem de *humus*), nos sentimos também, de certa forma, doentes.

Parece-nos evidente que não podemos prosseguir nesse rumo, pois nos levaria a um abismo. Fomos tão insensatos nas últimas gerações, que construímos o princípio de autodestruição acrescido pelo aquecimento global irreversível. Isso não é fantasia hollywoodiana. Entre estarrecidos e perplexos, nos perguntamos: Como chegamos a isso? Como vamos sair desse impasse global? Que colaboração cada um pode dar?

Em primeiro lugar, há de se entender o eixo estruturador da sociedade-mundo, principal responsável por esse curso perigoso. É o tipo de economia que inventamos com a cultura que a acompanha, que é de acumulação privada, de consumismo não solidário a preço da pilhagem da natureza. Tudo é feito mercadoria para a troca competitiva. Nessa dinâmica só o mais forte ganha. Os outros perdem ou se agregam como sócios subalternos ou ainda desaparecem. O resultado desta lógica da competição de todos contra todos e da falta de cooperação favorece a transferência fantástica de riqueza para poucos fortes, os grandes conglomerados à custa do empobrecimento geral.

Que 85 pessoas tenham mais renda do que 3,5 bilhões de pobres, como a ONG Oxfam Intermón de 2014 tornou público, representa simplesmente um escândalo, além de se apoiar numa desumana injustiça e falta completa de humanidade. 737 atores econômicos, segundo pesquisas de fontes seguras, controlam 80% do fluxo da riqueza mundial. Estes dados comprovam que a equação dominante é a do ganha-perde-perde.

Mas é preciso reconhecer que durante séculos essa troca competitiva conseguiu abrigar a todos, bem ou mal, sob seu guarda-chuva. Os controles sociais e estatais impediam a formação de oligopólios devoradores dos outros. Com isso, foi possível criar mil facilidades para a existência humana.

Mas hoje, as possibilidades desse tipo de economia estão se esgotando, como o evidenciou a crise econômico-financeira de 2008. A grande maioria dos países e das pessoas se encontra excluída. O próprio Brasil não passa de um sócio subalterno dos grandes, com a função a ele reservada de ser um exportador de matérias-primas, e não um produtor de inovações tecnológicas que lhe dariam os meios para moldar seu próprio futuro. Estamos dentro de um processo de recolonização de toda a América Latina.

Ou mudamos as proporções ou a vida na Terra corre risco. Onde buscar o princípio articulador de uma outra forma de vivermos juntos, de um novo sonho para frente? Em momentos de crise total e estrutural precisamos consultar a fonte originária de tudo: a natureza. Ela nos ensina o que as ciências da Terra e da vida já há muito estão dizendo: *a lei básica do universo não é a competição que divide e exclui, mas a cooperação que soma e inclui.*

Todas as energias, todos os elementos, todos os seres vivos, das bactérias aos seres mais complexos, são interdependentes. Uma teia de conexões os envolve por todos os lados, fazendo-os seres cooperativos e solidários, conteúdo permanente do projeto político do socialismo humanitário. Por causa dessa teia chegamos até aqui e poderemos ter futuro.

Acolhido este dado, temos condições de formular uma saída para as nossas sociedades. É preciso fazer conscientemente da cooperação e da solidariedade universal um projeto pessoal e coletivo, coisa que não se vê nas grandes reuniões promovidas pela ONU para discutir os problemas da humanidade como o aquecimento global, a erosão da biodiversidade e a escassez de água potável.

Ao invés da troca competitiva onde só um ganha e os demais perdem, devemos fortalecer a troca complementar e cooperativa, o grande ideal dos andinos do "bem-viver" (*sumak kawsay*), pelo qual todos ganham porque todos participam e são incluídos naquilo que chamam de "democracia comunitária". Nela não há pobres. A economia não é da acumulação, mas da criação do suficiente e do decente para todos, inclusive para os demais seres vivos da natureza.

Importa assumir o que a mente brilhante do Nobel de Matemática John Nesh formulou: o princípio do ganha-ganha, pelo qual todos, dialogando, mostrando-se flexíveis e abertos à negociação e também cedendo, saem beneficiados sem haver perdedores.

Para conviver humanamente inventamos a economia, a política, a cultura, a ética e a religião. Mas desnaturamos essas realidades "sagradas" envenenando-as com a competição e o individualismo, dilacerando assim o tecido social.

A nova centralidade social e a nova racionalidade necessária e salvadora estão fundadas na cooperação, no *pathos*, no sentimento profundo de pertença, de familiaridade, de hospitalidade e de irmandade com todos os seres. Se não fizermos essa conversão que tem o coração, a sensibilidade e a vida como eixo articulador, podemos nos preparar para o pior.

Mas como a vida chama à vida, esperamos e cremos que aquilo que em nós é o mais verdadeiro e natural, a cooperação e a solidariedade, irão rasgar um caminho novo rumo a um outro tipo de civilização mais solidária, mais cooperativa, mais distributivista, mais generosa e, por fim, mais justa e feliz.

14
Ciência, religião e espiritualidade

É de Einstein a frase: "A ciência sem religião é manca, a religião sem a ciência é cega". Num outro passo, afirmou: "O homem que não tem os olhos para o Mistério passará pela vida sem ver nada". Com isso queria dizer que a ciência levada até a sua exaustão termina no mistério do mundo que produz assombro e encantamento. Esta experiência é recorrente em todas as religiões. Elas continuamente se confrontam com o mistério do mundo, da criação, do ser humano e de Deus.

A religião que não se abre a esse mistério identificado pelas ciências feitas com consciência, e não meramente como técnica do saber, deixa de se enriquecer, tende a se fechar em seus dogmas e por isso fica cega. Corre o risco do fundamentalismo. A ciência se propõe explicar o *como* existem as coisas; a religião se deixa extasiar pelo *fato* de que as coisas existem.

O que é a matemática para o cientista é a oração para o religioso. O físico busca a matéria até a sua última divisão possível, os *topquarks*, chega aos campos energéticos e ao vácuo quântico. O religioso capta uma energia inefável, difusa em todas as coisas até em sua suprema pureza em Deus.

Aqui cabe fazer uma distinção entre religião e espiritualidade. Experimentar o mistério de todas as coisas, de que elas são e estão aí na pura gratuidade, é fazer uma experiência espiritual. Essa dimensão pertence ao humano profundo. As religiões se constroem sobre essa experiência fontal. Consoante às culturas diferentes, surgem diferentes religiões. Estas são criações culturais, mas todas elas bebem da mesma fonte originária: a experiência do mistério. Por isso, pode haver um diálogo permanente entre elas, porque todas remetem à espiritualidade.

Quando as pessoas se esquecem da espiritualidade e a substituem por doutrinas, dogmas e disciplinas, elas entram no jogo do poder. Onde há poder, já assinalou C.G. Jung, não há amor nem compaixão. Há hierarquias, submetimentos, disputas por poder. Nada disso conhece a espiritualidade, pois seu eixo de orientação é o mistério que se revela e vela em todas as coisas.

Com essa espiritualidade pode-se estabelecer um diálogo profundo com as várias ciências, especialmente com aquelas que chegam à fímbria do mistério.

Ciência com consciência e religião, alimentada pela espiritualidade, se pergunta: O que se passou antes do *big-bang*? Que havia antes do tempo? Podemos ultrapassar o muro de Planck, o último limite a que chega a indagação científica sobre as origens do universo? Muitos cientistas, homens e mulheres espirituais convergem nesta compreensão: havia o Mistério, a Realidade intemporal, no absoluto equilíbrio de seu movimento, a Totalidade de simetria perfeita e a Energia sem entropia.

Falando agora em termos teológicos, num "momento" de sua plenitude, Deus decide criar um espelho no qual pudesse ver a si mesmo. Cria aquele pontozinho, bilionesimamente menor que um átomo. Transfere um fluxo incomensurável de energia para dentro dele. Aí estão todas as possibilidades. Potencialmente todos nós estávamos lá juntos.

De repente, tudo se inflacionou, chegando ao tamanho de uma maçã. Depois explodiu com uma "explosão sem ruído", pois não havia ainda espaço e tempo para recolher o *big-bang*. Mas emitiu uma radiação que ainda hoje pode ser captada, vinda de todas as partes do universo. É o último eco daquela incomensurável explosão silenciosa.

Surgiu o universo em expansão. O *big-bang*, mais do que um ponto de partida, é um ponto de instabilidade. No afã de criar estabilidade gera unidades e ordens cada vez mais complexas, como a vida e a nossa consciência.

O Princípio de autocriação e auto-organização do universo está agindo em cada parte e no todo. Neste universo tudo tem a ver com tudo, formando uma incomensurável rede de relações.

Deus é a palavra que as religiões encontraram para esse Princípio, tirando-o do anonimato e inserindo-o na consciência. Para defini-lo não há palavras. Por isso, é melhor calar do que falar. Mas se tudo é relação, então não é contraditório pensar que Deus seja também uma relação infinita e uma suprema comunhão. É o que os cristãos pensam quando falam da Santíssima Trindade: um jogo infinito de relações entre três Únicos (o único não é número), tão profundo e íntimo que se fazem um só Deus-comunhão-relação-movimento: um Deus pessoal que se mostra em três Viventes: o Pai, o Filho e o Espírito Santo.

O ser humano sente esta Realidade em seu coração na forma de entusiasmo (filologicamente significa em grego *ter um deus dentro*). Na experiência cristã, diz-se que Ele se acercou de nós, fez-se mendigo para estar perto de cada um. É o sentido espiritual da encarnação de Deus em nossa miséria.

A ânsia humana fundamental não reside apenas em saber de Deus por ouvir dizer, mas em querer experimentá-lo. É a experiência testemunhada por Jó, o grande interrogador de Deus: "Antes te conhecia só de ouvido, mas agora meus olhos te viram" (42,5).

Atualmente, seria a ecologia profunda a que cria o melhor espaço para semelhante experiência de Deus. Mergulha-se então naquele Mistério que tudo penetra e tudo sustenta.

Mas para aceder a Deus não há apenas um caminho e uma só porta. Essa é a ilusão ocidental, particularmente das igrejas cristãs, com sua pretensão de monopólio da revelação divina e dos meios de salvação. Para quem um dia experimentou o Mistério que chamamos Deus, tudo é caminho e cada ser se faz sacramento e porta para o encontro com Ele. A vida, apesar de suas muitas travessias e das difíceis combinações da dimensão dia-bólica com a sim-bólica, pode então se transformar numa festa e numa celebração.

Ela será leve como uma pena que vem do infinito porque carregada da mais alta significação.

15
Religião, teologia e teorias de "Tudo"

Há um anseio irreprimível no espírito humano por uma visão total e por uma ordem que permanece mesmo dentro das desordens que constatamos na vida pessoal, social e no próprio universo. Concretamente vivemos no fragmento. Mas o que buscamos, na verdade, é o Todo. Os grandes sistemas religiosos e filosóficos procuram construir visões totalizantes do ser, de sua origem, de seu devir e de sua plena manifestação.

A ciência moderna não escapa dessa insaciável busca. Desde que Newton introduziu a efetiva matematização da natureza, surgiu o intento de uma "Teoria de Tudo" (TOE: *Theory of Everything*), também chamada de "Teoria da Grande Unificação" (*TGU*), ou a "Teoria-M" (Mater), um quadro geral que abrangesse todas as leis da natureza e que nos brindasse com a explicação final do universo.

Há dois livros clássicos que resumem os caminhos e descaminhos dessa questão: o de John D. Barrow, *Teorias de Tudo – A busca da explicação final* (Zahar, 1994) e o outro de Abdus Salam, Werner Heisenberg e Paul A.M. Dirac, *A unificação das forças fundamentais – O grande desafio da física contemporânea* (Zahar, 1993).

Sabemos que os últimos anos de Albert Einstein foram dedicados quase obsessivamente a essa questão, sem alcançar nenhum resultado satisfatório. Recentemente a questão foi retomada com especial vigor por Stephen W. Hawking em seu livro *Uma nova história do tempo* (Ediouro, 2005).

Logo no início deu-se conta da dificuldade dessa tarefa, pois, consoante a mecânica quântica, o princípio de indeterminação parece ser a marca fundamental do universo assim como o conhecemos. Como enquadrar realidades que são, por princípio, indetermináveis, bifurcáveis e potenciais numa única fórmula?

Confessa Hawking: "Se realmente descobrirmos uma teoria completa, seus princípios gerais deverão ser, no devido tempo, compreensíveis para todos, e não apenas para uns poucos cientistas. Então, todos nós, filósofos, cientistas e simples pessoas comuns, seremos capazes de participar da discussão de por que é que nós e o universo existimos. Se encontrarmos uma resposta para essa pergunta, seria o triunfo último da razão humana – porque, então, conheceríamos a mente de Deus" (p. 145).

Mas depois de um longo tempo reconheceu a impossibilidade de, numa única fórmula, captar a complexidade do Real, presente na mente de Deus. Não mais voltou a pensar sobre essa questão insolúvel, talvez só imaginável por uma mente teológica.

A ilusão dessas teorias é pensar que tudo pode ser reduzido à Física (Clássica ou Quântica) e traduzido na linguagem da Matemática. A realidade, no entanto, se apoia, sim, na Física, mas vai muito além dela. Por isso, John Barrow modestamente reconhece: "Não encontramos nada de matemático com relação a emoções e julgamentos, música e pintura" (p. 272).

Toda a vida cotidiana, o que move os seres humanos em sua busca de felicidade e em sua tragédia, não cabe na concepção física do "Tudo". Pouco me dá a imensidão dos espaços cósmicos cheios de pó sideral, de grávitons, elétrons, neutrinos e átomos se meu coração está infeliz por não poder dar amor a quem amo, por ter perdido o sentido da vida e não encontrar consolo junto a Deus.

Aqui outro é o discurso e outros são os especialistas a serem invocados. Dessas questões de vida e de morte falam os textos sagrados de todas as religiões e das tradições espirituais. Talvez o místico William Blake († 1827) nos inspire, pois na parte nos faz surpreender o Todo: "ver o mundo num grão de areia / e o paraíso numa flor do campo / segurar o infinito na palma da mão / e a eternidade numa hora".

Aqui se capta o Todo na parte porque a parte é parte do Todo.

SEGUNDA PARTE

O ser humano tem jeito?

1
Novo padrão ético: o punho cerrado ou a mão entrelaçada

A situação geral da humanidade e os transtornos no equilíbrio da Mãe Terra têm suscitado não poucas angústias. E é bom que assim seja, pois são as angústias, segundo Kierkegaard, que nos tiram da inércia, nos fazem pensar, ler, conversar, discutir e buscar novos caminhos.

A tranquilidade em tempos sombrios como os nossos se afigura uma irresponsabilidade. Cada um e todos devemos agir rápido, e juntos, porque tudo é urgente. Temos que nos mobilizar para definir um novo rumo à nossa vida neste planeta, caso quisermos continuar habitando nele.

Os tempos de abundância e de comodidade, dentro em pouco, terão pertencido ao passado. O que está ocorrendo não é uma simples crise, mas uma irreversibilidade. A Terra mudou de modo que não há mais retorno, e nós temos que mudar com ela. Começou o tempo da consciência da finitude de todas as coisas, também daquilo que nos parecia mais perene: a persistência da vitalidade da Terra, o equilíbrio da biosfera e a imortalidade da espécie humana. Todas essas realidades estão experimentando um processo de caos. No início ele se mostrou destrutivo, deixando cair tudo o que era acidental e meramente agregado, mas em seguida se revelou criativo, dando forma nova ao que é perene e essencial à vida.

Até agora vivíamos sob a era *do punho cerrado* para dominar, subjugar e destruir. Metaforicamente isso representa o paradigma da Modernidade, que se formou em torno da vontade de poder, entendida como vontade de submeter e conquistar terras, povos, a natureza e a Terra. O punho cerrado configura bem essa atitude básica de nossa cultura. Hoje ele entrou em crise porque já não consegue ser levado avante sem produzir perversidades nas relações sociais e devastação da natureza.

Agora começa a era da *mão estendida e aberta* para se entrelaçar com outras mãos, e na colaboração e na solidariedade, construir "o bem-viver comunitário" e o bem comum da Terra e da humanidade. Adeus ao inveterado individualismo e bem-vinda a cooperação de todos com todos. Esse é o novo padrão ético emergente. Então terão grande valor o amor, a solidariedade, a cooperação, a compaixão e o cuidado por tudo o que existe e vive. É por essa ética que se pode entrever um futuro de esperança. A mão estendida e aberta representa bem essa nova atitude humanizadora e salvadora.

Como os astrofísicos e os cosmólogos nos asseguram, o universo ainda está em gênese, em processo de expansão e de autocriação. Há uma Energia de Fundo que subjaz a todos os eventos, sustenta cada ser e ordena todas as energias rumo a formas cada vez mais complexas e conscientes. Nós somos uma emergência criativa dela.

Essa Energia poderosa e amorosa está sempre em ação, mas se mostra especialmente ativa em momentos de crise sistêmica, quando se acumulam as forças para provocar rupturas e possibilitar saltos de qualidade. É então que ocorrem as "emergências": algo novo, ainda não existente, mas contido nas virtualidades do universo.

Estimo que estamos às portas de uma dessas "emergências": a *noosfera* (mentes e corações unidos), na linguagem antecipadora de Pierre Teilhard de Chardin; a fase planetária da consciência e a unificação da espécie humana, reunida na mesma Casa Comum, o Planeta Terra.

Essa nova ótica nos conduz a uma nova ética; uma nova mente gera uma nova visão; um novo coração cria uma nova sensibilidade. Como consequência, nos identificaremos como irmãos e irmãs que se sentam juntos à mesa, para conviver, comer, beber e desfrutar dos frutos abundantes da Mãe Terra, depois de haver trabalhado de forma cooperativa e respeitando a natureza.

Confirmaremos assim o que disse o filósofo do *Princípio esperança*, Ernst Bloch: "O gênesis não está no começo, mas no fim".

Cabe a citação iluminadora do pai da ecologia norte-americana, o antropólogo das culturas e teólogo Thomas Berry:

> Nunca nos faltarão as energias necessárias para forjar o futuro. Vivemos, na verdade, imersos num oceano de Energia, maior do que podemos imaginar. Essa Energia nos pertence, não pela via da dominação, mas pela via da invocação.

É imperativo invocar essa Energia de Fundo. Ela sempre está aí, disponível. Basta abrir-se a ela com a disposição de acolhê-la e de fazer as transformações que ela inspira.

Pelo fato de ser uma Energia benfazeja e criadora, ela nos permite proclamar com o poeta Thiago de Mello, no meio dos impasses e das ameaças que pesam sobre nosso futuro: "Faz escuro, mas eu canto". Sim, cantaremos o advento dessa nova "emergência" para a Terra e para a humanidade.

Porque amamos as estrelas, não temos medo da noite escura. Elas são inalcançáveis, mas nos orientam. Lá nas estrelas se encontra nossa origem, pois somos feitos do pó delas. Elas nos guiarão e nos farão novamente brilhar, porque é para isso que emergimos neste planeta: para brilhar. Esse é o propósito do universo e o desígnio do Criador.

2
Uma questão intrigante: O ser humano tem jeito?

O cataclismo do sudeste da Ásia, o tsunami, que devastou parte do Japão, suscita em muitos os fantasmas do fim do mundo ou pelo menos do fim possível da espécie humana. E com razão, pois não se trata de fantasmas, mas de sinais perturbadores.

O Prêmio Nobel de Biologia de 1974 Christian de Duve afirma em seu sugestivo livro *Poeira vital – A vida como imperativo cósmico* (Campus, 1997) que nos dias de hoje "a evolução biológica marcha em ritmo acelerado para uma grave instabilidade. De certa forma, o nosso tempo lembra uma daquelas importantes rupturas na evolução, assinaladas por extinções em massa".

A causa dessa instabilidade vem de um asteroide terrível, que é a espécie humana. Ela se transformou numa força geológica letal que originou, segundo alguns, uma nova era, o *antropoceno* (o ser humano como a grande ameaça à vida).

Desde a emergência do *homo habilis* há mais de 2 milhões de ano, esse nosso ancestral vem desequilibrando sua relação para com a natureza. Até 40 mil anos atrás os danos ecológicos eram insignificantes. Mas a partir dessa data começou um assalto sistemático à biosfera, porque foram desenvolvidos instrumentos que tornaram bem-sucedida a dominação da natureza.

Em poucos milhares de anos os caçadores extinguiram os mamutes, as preguiças-gigantes e outros mamíferos pré-históricos. Nos dias atuais esse processo se agravou a ponto de anualmente se extinguirem milhares de espécies de seres vivos por causa da ação humana.

Existe uma taxa de extinção de fundo, que é normal, cerca de 3 mil espécies por ano. E.O. Wilson, o grande nome da biodiversidade, estima que o número existente de espécies esteja entre 10 e 100 bilhões, embora catalogados cheguem só a 1,4 milhão. Dessas, a cada 13 minutos, 1 desaparece devido à agressão sistemática de nosso estilo de vida depredador e consumista. O cientista Norman Myers calculou que somente no Brasil foram extinguidas, nos últimos 35 anos, 4 espécies por dia.

Já há 2 milhões de anos que estamos dentro da Idade do Gelo. A atual fase interglacial quente começou há 18 mil anos e prossegue. Conforme os padrões do passado, deveríamos ingressar num novo período de resfriamento. Entretanto, nossa espécie alterou a natureza da atmosfera. Três gases importantes produzem desequilíbrios: o ozônio, o metano e o dióxido de carbono. Este, que realiza a fotossíntese das plantas e libera oxigênio para a atmosfera, elevou-se excessivamente devido às indústrias e às queimadas. Produz o aquecimento global, o efeito estufa, os degelos e os tufões.

Se, por desventura, nos próximos decênios a temperatura aumentar 10 °C, os oceanos se elevariam a 73 metros e ocorreria uma catástrofe inaudita. O outro é o ozônio. Buracos em sua camada deixam de bloquear a radiação ultravioleta que produz câncer de pele, afeta o código genético e extingue espécies.

O metano é 23 vezes mais agressivo do que o dióxido de carbono e está aumentando exponencialmente devido ao degelo das calotas polares e do *parmafrost* (aquela camada de gelo que cobre o solo do Canadá até o final da Sibéria). A soma desses três gases ocasionam os eventos extremos e o aquecimento global.

A esses problemas acresce a carência de água potável e a superpopulação da espécie humana, que já ocupou 83% do planeta, depredando-o. Os seres humanos poderão viver juntos em uma única Casa Comum?

Não somos seres pacíficos, mas extremamente agressivos, faltos de cooperação e de cuidado. O astrônomo Martin Rees da Inglaterra estima em seu livro *A hora final* (2005) que se correrem as coisas como correm, podemos nos liquidar ainda neste século.

Catástrofes como a do sudeste da Ásia e nas cidades serranas do Rio de Janeiro em 2011 nos fazem pensar e nos estimulam a ter outro comportamento: mais cuidado e responsabilidade coletiva. Se não acharmos uma solução comum e racional, a seleção natural o fará irracionalmente contra nós.

Essa é a dura lição que nos oferece a história da vida. Mas ela também nos testemunha que no já longo processo de evolução passou por muitas devastações sem nunca ter desaparecido totalmente. Ela sofreu, se retraiu e voltou com renovado vigor.

3
Somos sapientes e demasiadamente dementes

Após a tragédia do dia 11 de setembro de 2001, quando ocorreu o atentado contra as Torres Gêmeas nos Estados Unidos, seguramente muitos se perguntaram, entre indignados e perplexos: O que é, afinal, o ser humano? Como é possível tanta barbaridade dos terroristas, até de um doutor em Engenharia por uma exigente universidade alemã? Eles seriam dementes?

Para não desesperarmos, precisamos manter a lucidez. A duras penas, mesmo sob o escândalo da razão analítica, urge admitir que o ser humano, supercomplexo, comparece como *sapiens sapiens* e simultaneamente *demens demens*, e hoje, possivelmente, triplamente *demens*. Vale dizer, somos descendentes do *sapiens* arcaico, no qual irrompeu, por primeiro, há 200 mil anos, a inteligência reflexa, e há 100 mil anos o *sapiens sapiens*, já falante, societário e trabalhador.

Portadores de afeto, cuidado, inteligência, criatividade, arte, poesia e êxtase, ocupamos todo o Planeta, começamos a nos expandir pelo sistema solar e, por meio de nave espacial, já saímos dele e caminhamos rumo ao infinito.

A cultura iluminista lhe construiu um arco do triunfo. Exaltou até às estrelas a sapiência humana. A história, entretanto, continuamente desfaz essa imagem magnificadora. Revela a cada momento o lado de demência, de crueldade, de massacres, de exterminações em massa. Ele se revelou o satã da Terra. Só no século XX foram chacinados em guerras cerca de 200 milhões de pessoas.

A violência humana excede a de qualquer outra espécie, inclusive a dos tiranossauros. Sua demência não é ocasional. Configura uma situação originária, uma marca de nossa condição humana. O *homo sapiens* convive simultaneamente com o *homo demens*, assevera com insistência Edgar Morin, um dos que melhor nos fizeram aceitar a contradição humana.

Mas custa-nos muito aceitar que somos a unidade dos contrários, cheios de enternecimento e inteligência (o momento *sapiens*) e *simultaneamente* inflados de arrogância e ódio (o momento *demens*).

Mais do que as filosofias, foram as religiões que trabalharam essa contradição humana. Santo Agostinho, que cunhou a expressão *pecado original*, repete muitas vezes que "todo homem é Cristo, todo homem é Adão", ou, na expressão preferida de Lutero, "somos simultaneamente justos e pecadores". Tais expressões não devem ser tomadas em sentido moral, mas ontológico; vale dizer, expressam a situação real e objetiva do ser humano como ser de contradição.

Como entender nele a unidade dessas contradições que provocam choque existencial e sensação de total absurdo, como o daquele 11 de setembro? Prescindindo das clássicas reflexões filosóficas e religiosas, estimamos que a contribuição das ciências da Terra nos possam trazer alguma luz. Mas à condição de começarmos a pensar cosmológica e biologicamente, coisa que a consciência coletiva ainda não incorporou suficientemente.

Tudo no universo e na vida é feito de desordem e de ordem, de caos e de cosmos, de dia-bólico e de sim-bólico. Na verdade, viemos de uma incomensurável desordem inicial, um pum tão fantástico cujo eco pode ainda ser identificado hoje depois de 13,7 milhões de anos (a radiação de fundo de três graus Kelvin).

A evolução se faz no esforço de criar ordem na desordem e a partir da desordem. O processo evolucionário tem mostrado que o caos originário não se revela apenas caótico, mas também altamente generativo. Origina a complexidade, que é a forma como o caos vem domesticado e transformado em fator de dinamismo construtor de novas ordens, capazes de fazer da desordem (do lixo) fonte de vida (as estruturas dissipativas de Ilya Prigogine).

O fato inegável é que a presença do caos em nós nos faz seres agressivos e dementes, que nenhuma psicanálise consegue curar. Esse fato se impõe contra todas as tentativas de dilucidação, pois pertence simplesmente à nossa realidade de sapientes.

A vida resulta da auto-organização da matéria (que é energia altamente condensada) e a vida humana expressa o alto grau de complexidade alcançado pela corrente da vida, da qual somos um elo entre outros. Cada célula, por mais epidérmica que seja, carrega todas as informações que constroem a vida, cuja estrutura básica é comum a todos os seres vivos.

99% dos genes do chimpanzé são comuns à espécie *homo sapiens demens*. Mas esse 1% faz toda a diferença. Os chimpanzés são seres societários, mas comem eles próprios suas presas. O ser humano, ao contrário, carrega suas presas para locais determinados e as reparte comunitariamente com seus semelhantes. Somos seres cooperativos, carregados de afeto e de vontade de comunhão. Aqui reside a *humanitas* do ser humano. Somos inteiros, mas não completos. Não nascemos ainda totalmente, estamos a caminho de nossa verdadeira diferença e identidade.

Na medida em que compartilhamos tudo o que somos e temos inauguramos o reino humano e deixamos emergir o *sapiens sapiens*. A desordem em nós é herança do processo cosmogênico e biológico, a persistência da "dimensão chimpanzé" em nós. Mas temos condições de impor limites à demência ativando nossa inteligência cordial e espiritual, urdida de sapiência, de cuidado, de amorização, de solidariedade a partir de baixo, de com-paixão, de racionalidade e de perdão.

O que ocorreu no dia 11 de setembro foi a irrupção da demência originária que nos aterra. Mas ela nos pertence. A humilde acolhida dela é pré-condição de seu controle através do resgate da inteligência cordial e espiritual, do processo civilizatório, da razão intelectual e de todas as energias humanitárias do *homo sapiens* e *cooperator*.

O caos que irrompeu nos Estados Unidos mostrará, como sempre mostrou na evolução, sua capacidade generativa: fará surgir, muito provavelmente, um novo estado de consciência na humanidade que nos adverte: ou todos cuidamos uns dos outros, e assim sobreviveremos na mesma Casa Comum, ou todos podemos ir ao encontro do pior. Cabe a nós decidir que futuro queremos.

Quem conhece a história da vida tira dela esta lição bem-aventurada: depois de cada grande catástrofe a vida sempre floresceu, e floresceu como nunca antes. Agora, assim o esperamos, não será diferente. Floresceremos em mais convivialidade, com mais senso da inclusão de todos, com mais respeito pelos ciclos da natureza, com maior acolhida das diferentes tribos da Terra e com mais abertura à Fonte de Todo o Ser.

4

Fala o exterminador de milhões de judeus: Rudolf Höss

Já se passaram mais de 60 anos do holocausto de judeus perpetrado pelo nazismo de Hitler e de Himmler. É terrificante a inumanidade mostrada nos campos de extermínio, especialmente, em Auschwitz, na Polônia.

A questão chegou a abalar a fé de judeus e de cristãos que se perguntaram, e ainda nos perguntamos: Como pensar Deus depois de Auschwitz? Até hoje as respostas, sejam de Hans Jonas, do lado judeu, sejam de J.B. Metz e J. Moltmann, do lado cristão, são insuficientes. A questão é ainda mais radical: Como pensar o ser humano depois de Auschwitz?

É certo que o inumano pertence ao humano. Mas quanto de inumanidade cabe dentro da humanidade? Houve um projeto concebido pensadamente e sem qualquer escrúpulo de redesenhar a humanidade. Aqui a racionalidade moderna mostrou que pode ser terrivelmente irracional.

Segundo seus perversos planejadores, o comando caberia à raça ariano-germânica; algumas raças seriam colocadas na segunda e na terceira categorias, e outras, feitas escravas ou simplesmente exterminadas.

Nas palavras de seu formulador, Himmler, em 4 de outubro de 1943: "Essa é uma página de fama de nossa história que se escreveu e que jamais se escreverá". O nacional-socialismo de Hitler tinha a clara consciência da inversão total dos valores. O que seria crime se transformou para ele em virtude e glória. Aqui se revelam traços do apocalipse e do anticristo, o inimigo da vida.

O livro mais perturbador que li em toda minha vida e que não acabo nunca de digerir se chama: *Comandante em Auschwitz – Notas autobiográficas de Rudolf Höss* (1958). Durante os 10 meses em que ficou preso e interrogado pelas autoridades polonesas em Cracóvia entre 1946-1947 e finalmente sentenciado à morte, Höss teve tempo de escrever com extrema exatidão e detalhes como enviou cerca de 2 milhões de judeus às câmaras de gás. Lá se montou uma fábrica de produção diária de milhares de cadáveres que assustava os próprios executores. Era a "banalidade da morte" de que falava a filósofa judia Hannah Arendt.

Mas o que mais nos aterroriza é seu perfil humano. Não imaginemos que unia o extermínio em massa aos sentimentos de perversidade, sadismo diabólico e pura brutalidade. Ao contrário, era carinhoso com a mulher e filhos, consciencioso, amigo da natureza, enfim, um pequeno-burguês normal. Chorou copiosamente quando morreu um passarinho de estimação.

Ao final, antes de morrer, escreveu: "A opinião pública pode pensar que sou uma béstia sedenta de sangue, um sádico perverso e um assassino de milhões. Mas ela nunca vai entender que esse comandante tinha um coração e que ele não era mau". Quanto mais inconsciente, mais perverso se apresenta o mal.

Eis o que é perturbador: Como pode tanta inumanidade conviver com a humanidade? Não sei. Suspeito que aqui entra a força da ideologia, a total submissão ao chefe e a servidão voluntária.

A pessoa Höss se identificou com a função de comandante e o comandante com a pessoa. A pessoa era nazista no corpo e na alma e radicalmente fiel ao chefe. Recebeu a ordem do "Führer" de exterminar os judeus; então, sequer pensou: Vamos exterminá-los (*der Führer befiehl, wir folgen*). Confessa que nunca se questionou porque "o chefe sempre tem razão" (*der Führer hat immer recht*). Uma leve dúvida era sentida por ele como traição a Hitler.

Mas o mal também tem limites, e Höss os sentiu em sua própria pele. Sempre resta algo de humanidade dentro da inumanidade. Ele mesmo conta: Duas crianças estavam mergulhadas em seu brinquedo. Sua mãe estava sendo empurrada para dentro da câmara de gás. As crianças foram forçadas a irem também. "O olhar suplicante da mãe, pedindo misericórdia para aqueles inocentes" – comenta Höss –, "nunca mais esquecerei". Fez um gesto brusco e os policiais os jogaram na câmara de gás. Mas permaneceu para sempre aquele olhar. Confessa que muitos dos executores não aguentavam tanta inumanidade e se suicidavam. Ele, no entanto, conseguia ficar frio e cruel.

Estamos diante de um fundamentalismo extremo que se expressa por sistemas totalitários e de obediência cega, sejam políticos, religiosos ou ideológicos. A consequência é a produção da morte dos outros.

Esse risco não nos é exterior, pois hoje nos damos os meios de nos autodestruir, de desequilibrar o sistema-Terra e de liquidar, em grande parte, a vida. A criação do Estado Islâmico em 2014 com as ações de extermínio e de degola de seus opositores mostra que a dimensão de demência e de inumanidade ainda não pôde ser contida.

Só potenciando o humano com aquilo que nos faz humanos como o amor, a solidariedade e a compaixão, podemos limitar a nossa inumanidade e salvar milhares de vítimas inocentes.

5
A compaixão: nossa verdadeira humanidade

Entenderemos melhor o que seja a compaixão, um dos lados mais luminosos de nossa existência, se compreendermos seu sentido budista. Por que "seu sentido budista"? Sim, porque compaixão, no sentido comum, possui uma conotação despectiva: é ter somente peninha, sentimento que rebaixa o outro, pois nele vê apenas o sofrimento, a fome de pão, e não também a fome de beleza e de reconhecimento.

Vejamos primeiro o sentido de com-paixão que o cristianismo originário lhe conferiu: sentido altamente positivo, que é ter miseri-cór-dia, vale dizer, um coração (*cor*) capaz de sentir os *míseros* e sair de si para socorrê-los.

A própria palavra com-paixão sugere esta atitude: ter paixão *com* o outro é transportar-se ao lugar dele, sofrer *com* ele, alegrar-se *com* ele, andar o caminho *com* ele. Mas essa acepção não vingou. Predominou aquela moralista e menor de quem olha de cima para baixo e descarrega uma esmola na mão do sofredor.

Diferente, entretanto, é a concepção budista de com-paixão. Ela tem a ver com a questão básica de onde nasce o budismo: *Qual é o caminho que nos liberta do sofrimento?* A resposta de Buda é: *Pela com-paixão, pela infinita com-paixão.*

Na atualização do Dalai-Lama significa: "Ajude os outros sempre que puder, e se não puder, jamais prejudique os outros" (*O Dalai-Lama fala de Jesus*. Rio de Janeiro: Fisus, 1999, p. 214). Como se vê, nisso Buda coincide com Jesus.

A "grande com-paixão" (*karuna*) implica duas atitudes: *desapego* de todas as coisas e *cuidado* para com todas as coisas. Pelo *desapego* renunciamos à posse delas e aprendemos a respeitá-las em seu valor intrínseco, para além do uso humano e por sua diferença e identidade. Trata-se de não invadir o espaço do outro e respeitá-lo.

Pelo *cuidado* superamos as barreiras e nos aproximamos das coisas e das pessoas para entrar em comunhão com elas, responsabilizar-nos pelo seu bem-estar e socorrê-las no sofrimento.

Eis um comportamento solidário que nada tem a ver com pena e mera assistência. Para o budista, o nível de desapego revela o grau de liberdade e maturidade que possuo; e o nível de cuidado, o quanto de ternura, respeito, benevolência e responsabilidade tenho para com todas as coisas, especialmente as pessoas. A com-paixão engloba as duas dimensões. Exige, pois, respeito, altruísmo e solidariedade amorosa.

A com-paixão não conhece limites. O ideal budista é o *bodhisattva*, aquela pessoa que leva tão longe o ideal da com-paixão que se dispõe a renunciar ao nirvana e mesmo aceita passar por um número infinito de vidas só para poder ajudar os outros em seu sofrimento.

Esse altruísmo se expressou na oração do *bodhisattva*: "Enquanto durar o tempo, persistir o espaço e houver pessoas que sofrem, quero eu também durar até libertá-las do sofrimento". A cultura tibetana expressa esse ideal por meio da figura de Buda dos mil braços e dos mil olhos. Com eles pode, com-passivo, atender a um número ilimitado de pessoas.

A partir dessa compreensão podemos entender que sem com-paixão não se alivia o sofrimento humano, não se combate eficazmente a fome. Importa *acolher* o pobre como é, como um sofredor e um oprimido. E simultaneamente *cuidar* dele como um co-igual.

A com-paixão no sentido budista nos ensina também como deve ser nossa relação para com a natureza: primeiro, respeitá-la em suas leis, ritmos e ciclos; depois, cuidar dela. Só então usá-la, na justa medida e racionalmente, para o nosso proveito.

À "guerra infinita" da demência atual devemos opor a "com-paixão infinita" da sapiência budista.

Utopia? Sim, mas uma utopia necessária e humanitária, a melhor maneira de mostrarmos nossa verdadeira humanidade, feita de com-paixão e de cuidado.

6

O bem comum da nação, da Terra e da humanidade

Nas atuais discussões políticas mundiais em torno dos conflitos no Oriente Médio, e no Brasil em meio a uma ameaçadora crise hídrica e energética que se instalou em 2015, cada vez menos se coloca a questão do bem comum nacional, da Terra e da humanidade.

Verifica-se que há uma tentativa articulada pelos grupos dominantes – por detrás dos quais se escondem grandes corporações nacionais e multinacionais, a mídia corporativa e, seguramente, a atuação do serviço de segurança do império norte-americano – de desestabilizar as novas democracias de base popular e com um projeto nacional autônomo, seja no Norte da África, seja na América Latina.

No caso do Brasil, não se trata apenas de uma feroz critica às medidas econômicas oficiais e aos vários escândalos de corrupção, mas há algo mais profundo em ação: a vontade de desmontar e, se possível, liquidar o PT, que fez, pela primeira vez em nossa história, uma revolução pacífica e popular, criando uma base social diferente a sustentar um governo republicano com intensas políticas sociais em favor dos milhões de marginalizados.

Custa muito às elites conservadoras aceitarem o fato de que, pelo voto, foram apeadas do poder que achavam ser, por direito, delas. Tentam desmoralizar e diretamente difamar o Partido dos Trabalhadores (PT), pois se sentem ameaçadas em seus privilégios. Como são notoriamente egoístas e nunca pensaram no bem comum, empenham-se em tirar da cena essa força social e política que poderá mudar irreversivelmente o destino do Brasil.

Não se pode esquecer que a essência da política é a busca comum do bem comum. Um dos efeitos mais avassaladores do capitalismo globalizado e de sua ideologia, o neoliberalismo, é a demolição da noção de bem comum ou de bem-estar social, seja em nível nacional, seja em nível planetário.

Sabemos que as sociedades civilizadas se constroem sobre três pilastras fundamentais: a participação (cidadania), a cooperação societária e o respeito aos direitos humanos. Juntas criam o bem comum. Mas este foi enviado ao limbo da preocupação política. Em seu lugar entraram as noções de rentabilidade, de flexibilização, de adaptação e de competitividade. A liberdade do cidadão é substituída pela liberdade das forças do mercado; o bem comum, pelo bem particular; a cooperação, pela competição.

A participação, a cooperação e os direitos asseguravam a existência de cada pessoa com um mínimo de dignidade. Negados esses valores, a existência do cidadão não está mais socialmente garantida nem seus direitos afiançados. Logo, cada um se sente constrangido a garantir o seu: o seu emprego, o seu salário, o seu carro, a sua família. Impera a cultura do capital com o seu clássico individualismo, que esgarça a convivência social. Ninguém é levado, portanto, a querer construir algo em comum. A única coisa em comum que resta é a guerra de todos contra todos, em vista da sobrevivência individual.

Nesse contexto, quem vai implementar o bem comum da Terra e da humanidade? Em recente artigo da Revista *Science* (15/01/2015), 18 cientistas elencaram os 9 limites planetários (*Planetary Bounderies*), 4 dos quais já ultrapassados (clima, integridade da biosfera, uso do solo, fluxos biogeoquímicos (fósforo e nitrogênio). Os outros em avançado grau de erosão. Só a ultrapassagem desses quatro pode tornar a Terra menos hospitaleira para milhões de pessoas e para a biodiversidade. Que organismo mundial está enfrentando essa situação que destrói o bem comum planetário?

Quem cuidará do interesse geral de mais de 7 bilhões de pessoas? O neoliberalismo é surdo, cego e mudo a essa questão fundamental, como o tem repetido como um *ritornello* o Papa Francisco. Seria contraditório suscitar o tema do bem comum, pois o neoliberalismo defende concepções políticas e sociais diretamente opostas a ele. Seu propósito básico é: o mercado tem que ganhar e a sociedade deve perder. Pois, pensam, que é o mercado que vai regular e resolver tudo. Se assim é, por que vamos construir coisas em comum? Deslegitimou-se o bem-estar social e os assim chamados *commons*, aqueles bens e serviços naturais e comuns sem os quais a vida corre risco.

Ocorre, entretanto, que o crescente empobrecimento mundial resulta das lógicas excludentes e predadoras da atual globalização competitiva, liberalizadora, desregulamentadora e privatizadora. Quanto mais se privatiza, mais se reforça o interesse particular em detrimento do interesse geral.

Como mostrou Thomas Piketty em seu livro *O capitalismo no século XXI*, quanto mais se privatiza, mais crescem as desigualdades. É o triunfo do *killer capitalismo*. Quanto de perversidade social e de barbárie aguenta o espírito? A Grécia veio mostrar que não aguenta mais. Recusa-se a aceitar do *diktat* dos mercados e dos grandes bancos, no caso, hegemonizados pela Alemanha de Merkel e pela França de Hollande.

Resumindo: O que é o bem comum? No plano *infraestrutural*, é o acesso justo e suficiente de todos à alimentação, à saúde, à moradia, à energia, à segurança e à cultura. No plano *humanístico*, é o reconhecimento, o respeito e a convivência pacífica.

Pelo fato de, sob a globalização competitiva, o bem comum nacional e global ter sido desmantelado, ele agora deverá ser reconstruído. Para isso, importa dar hegemonia à cooperação, e não à competição. Reconhecer e reforçar as interdependências de todos com todos e assumir uma responsabilidade coletiva pelo futuro comum da Terra e da humanidade. Sem essa mudança, dificilmente se manterá a comunidade humana unida e com um horizonte de esperança.

Ora, essa reconstrução constitui o núcleo do projeto político das principais democracias de cunho popular na América Latina e em outros raros lugares no mundo, particularmente na África. Todos entraram pela porta certa: *Fome Zero*, depois transformada em várias políticas públicas de cunho popular.

Tentou-se colocar um fundamento seguro: a repactuação social a partir dos valores da cooperação e a boa vontade de todos. Mas devido ao individualismo da cultura do capital e do patrimonialismo pelo qual se usa do aparelho de Estado para enriquecimento pessoal ou de grupos, o que configura crassa corrupção, os resultados não conseguiram mudar substancialmente as relações sociais.

Importa enfatizar até à saciedade a convicção de caráter humanístico: não há futuro a longo prazo para uma sociedade fundada sobre a falta de justiça, de igualdade, de fraternidade, de respeito aos direitos básicos, de cuidado pelos bens naturais e de cooperação.

Ela vai contra o anseio mais originário do ser humano desde que emergiu na evolução, há milhões de anos. Quer queiramos ou não, mesmo admitindo erros e desvios, as novas democracias estão empenhadas em reinventar a política à base da ética, do *bien vivir e convivir*, e de uma forte participação dos movimentos sociais organizados.

Deste empenho poderá sair um novo ensaio democrático, no qual todos são convocados a participar. Notável é o fato de que em 2015 mais da metade do parlamento boliviano é constituído por mulheres. É um sinal dos tempos. Elas, que sabem da vida e de seus meandros, são chamadas a assumir posições de decisão que têm a ver com o futuro da vida e de nossa civilização.

O que ocorreu na Bolívia, pequeno país com população majoritariamente indígena, pode ser a antecipação do que pode acontecer, num futuro não muito distante, em todos os países.

7
Não há guerra justa nem santa, porque ela mata

Toda guerra é perversa porque viola o mandamento da ética natural de "não matarás". Mas há problemas: se um país é agredido por outro, o que fazer? Tem direito de se defender por força defensiva? Como devem se comportar os governantes dos povos que assistem à limpeza étnica de minorias por parte de ditadores sanguinários que ainda violam sistematicamente direitos humanos, eliminando seus opositores? Como não intervir num Estado inventado sob violência, o Estado Islâmico, que rejeita todo diálogo, assassina e degola, diante das televisões do mundo inteiro, quem se opõe a ele? O que fazer para não sermos insensíveis ao destino trágico dos outros e até cúmplices de tais crimes?

É válido o princípio, como regra geral, de alegar a não intervenção em assuntos internos de estados soberanos? Como reagir ao fenômeno difuso do terrorismo, que pode utilizar armas de extermínio em massa e vitimar milhares de inocentes? Contra isso é legítima uma guerra preventiva?

São questões éticas que ocupam mentes e corações nos dias atuais. Para não desesperar, temos que pensar. No mundo inteiro, dada a estratégia dos Estados Unidos de usar a força para fazer valer seus interesses globais e garantir um império mundial, gerou-se um debate extremamente sério.

Sobressaem-se várias posições. Um grupo numeroso sustenta esta tese: dada a capacidade devastadora da guerra moderna, que pode até comprometer o futuro da espécie e toda a biosfera, não há mais guerra justa *(ius ad bellum)*. Aceitar a guerra moderna com as armas de destruição em massa e com a possibilidade de destruir as bases que sustentam a vida e podem pôr termo à civilização humana é aceitar e aprovar a autodestruição.

Outro grupo afirma: pode haver guerra justa, a "intervenção humanitária", mas limitada para impedir o etnocídio e crimes de lesa-humanidade, especialmente de inocentes, crianças e idosos.

Outro grupo, representando o *stablishment* global, reafirma: há que se resgatar a guerra justa como autodefesa, como punição de países do "eixo do mal" e como prevenção de ataques com armas de destruição em massa.

Façamos um juízo ético sobre essas posições: nas condições atuais, toda guerra representa altíssimo risco, pois dispomos da máquina de morte capaz de destruir a humanidade e a biosfera. A guerra é meio injusto. Dentro de uma política realista, uma "intervenção humanitária" limitada que visa diretamente à preservação dos inocentes, é teoricamente justificável, sob duas condições: não pode ser decidida por um país singular, mas pela comunidade das nações (ONU) ou por um número significativo de nações, devendo-se respeitar dois princípios básicos *(ius in bello)*: a imunidade da população civil e a adequação dos meios (não podem causar mais danos do que benefícios).

A força empregada como autodefesa e defesa dos inocentes não a torna boa, mas se justifica dentro da estrita adequação dos meios, a menos maléfica possível.

A guerra de punição como contra o Afeganistão se baseia na vingança, e não é ética e moralmente defensável. Só alimenta o ódio e a raiva, caldo de futuros conflitos.

A guerra preventiva contra o Iraque não se justifica nem se legitima porque se baseia no que ainda não é e pode não acontecer. Nenhum direito, de qualquer natureza, concede-lhe legitimidade, por ser subjetiva e arbitrária.

Tudo isso vale teoricamente, pois importa clarear posições. Praticamente, porém, mostrou-se que todas as guerras, mesmo as de "intervenção humanitária", não observam os dois critérios: da imunidade da população civil e da adequação dos meios, a menos letal possível. Não se faz distinção entre combatentes e não combatentes. Para enfraquecer o inimigo se destrói sua infraestrutura, com muitas mortes de inocentes (98%).

As consequências da guerra perduram por anos e até por séculos, como no caso do urânio empobrecido aplicado em bombas cujos fragmentos continuam irradiando energia letal que afeta o código genético das pessoas, dos animais e de qualquer tipo de ser vivo.

A guerra não é solução para nenhum problema. Devemos buscar um novo paradigma – à luz de Francisco de Assis, de Gandhi, de Luther King Jr. e de Mandela –, se não quisermos nos destruir: a paz não só como meta, mas também como método.

Se queres a paz, construa os meios da paz.

8

Até onde vai a liberdade de expressão?

Os atentados terroristas no início de 2015 em Paris e em Copenhague, com certo número de vítimas, a propósito de caricaturas tidas como insultantes a Maomé – atentados perpetrados por extremistas islâmicos –, trouxeram à baila a liberdade de expressão. Na França há uma verdadeira obsessão na afirmação ilimitada da liberdade de expressão, legado sagrado, como dizem, do Iluminismo e da natureza laica do Estado. É algo tido como absoluto e, *a priori*, sem limites. Se alguém se sente vítima de injúria e difamação, deve recorrer à justiça, mas sempre preservada a liberdade de expressão, sem peias.

Diferentemente e com razão afirmou o bispo profético Dom Pedro Casaldáliga: "Nada há de absoluto no mundo a não ser Deus e a fome; tudo o mais é relativo e limitado". Estendendo o teorema de Gödel para além da matemática, pode-se afirmar a insuperável incompletude e limitação de tudo o que existe. Por que deverá ser diferente com a liberdade de expressão? Ela não escapa dos limites que devem ser reconhecidos, caso contrário damos livre curso ao vale-tudo e às *vendettas*. A ideia francesa da liberdade de expressão supõe uma ilimitada tolerância: deve-se tolerar tudo. Contrariamente afirmamos: toda tolerância possui sempre um limite ético que impede o vale-tudo e o desrespeito aos outros, que corroem as relações pessoais e sociais.

Todo exercício da liberdade que implica ofender o outro, ameaçar a vida das pessoas, e até de todo um ecossistema, e violar o que é tido por sagrado, não deve ter lugar numa sociedade que se quer minimamente humana. Ora, há franceses (nem todos) que querem a liberdade de expressão imune a qualquer restrição.

O resultado dessa arrogância foi tristemente constatado: se a liberdade é total, então deve valer para todos e em todas as circunstâncias. É o que pensaram certamente (não eu) aqueles terroristas que assassinaram os cartunistas do Charlie Hebdo e outras pessoas em Copenhague, em nome dessa mesma liberdade ilimitada. Pouco vale a alegação de que há o recurso à Lei, pois o mal, uma vez feito, nem sempre é reparável e deixa marcas indeléveis.

A liberdade sem limites é absurda e não há como defendê-la filosoficamente. Para contrabalançar os exageros da liberdade costuma-se ouvir a frase, tida quase como um princípio: "A minha liberdade acaba onde começa a sua".

Nunca vi alguém questionar esta afirmação, mas precisamos fazê-lo. Pensando nos pressupostos subjacentes, devemos submetê-la a uma crítica rigorosa. Trata-se da típica liberdade do liberalismo como filosofia política.

Expliquemos melhor: com a derrocada do socialismo realmente existente se perderam algumas virtudes que ele, bem ou mal, havia suscitado, como, certa feita, o reconheceu o Papa João Paulo II: o sentido do internacionalismo, a importância da solidariedade e a prevalência do social sobre o individual.

Com a ascensão ao poder de Thatcher e de Reagan, voltaram furiosamente os ideais liberais e a cultura capitalista sem o contraponto socialista: a exaltação do indivíduo, a supremacia da propriedade privada, a democracia delegatícia, por isso reduzida, e a liberdade dos mercados.

As consequências são visíveis: atualmente há muito menos solidariedade internacional e preocupação com as mudanças em prol dos pobres do mundo do que antes. Vigora uma perversa concorrência eliminando os fracos.

É nesse pano de fundo que deve ser entendida a frase: "A minha liberdade acaba onde começa a sua". Trata-se de uma compreensão individualista, do eu sozinho, separado dos outros e da sociedade. É a vontade de ver-se livre *do* outro, e não de exercer a liberdade *com* o outro.

Para que a sua liberdade comece, a minha tem que acabar. Ou para que você comece a ser livre eu devo deixar de sê-lo. Consequentemente, se a liberdade do outro não começa, por qualquer razão que seja, significa então que a minha liberdade não conhece limites, expande-se como quiser porque não encontra limites na liberdade do outro. Ocupa todos os espaços e inaugura o império do egoísmo. A liberdade *do* outro se transforma em liberdade *contra* o outro.

Essa compreensão subjaz ao conceito vigente de soberania territorial dos estados nacionais. Até os limites do outro Estado, ela é absoluta. Para além desses limites, ela desaparece. A consequência é que a solidariedade não tem mais lugar. Não se promove o diálogo, a negociação, buscando convergências e o bem comum supranacional, como se comprova claramente nos vários encontros da ONU sobre o aquecimento global.

Ninguém quer renunciar a nada. Por isso, não se chega a consenso algum, enquanto o aquecimento global sobe dia a dia.

Quando há um conflito entre dois países, normalmente se usa o caminho diplomático do diálogo. Frustrado este, logo se pensa na utilização da força como meio para resolver o conflito. A soberania de um esmaga a soberania do outro.

Ultimamente, dada a destrutividade da guerra, surgiu a Teoria do Ganha-ganha para superar o ganha-perde. Estabelece-se o diálogo. Todos se mostram flexíveis e dispostos a concessões e acertos. Todos saem ganhando, mantendo a liberdade e a soberania de cada país.

Por isso, a frase correta é esta: "A minha liberdade somente começa quando começa também a sua". É o perene legado deixado por Paulo Freire: jamais seremos livres sozinhos; só seremos livres juntos. Minha liberdade cresce na medida em que cresce também a sua e conjuntamente gestamos uma sociedade de cidadãos livres.

Por trás dessa compreensão vigora a ideia de que ninguém é uma ilha. Somos seres de convivência; todos somos pontes que nos ligam uns aos outros. Por isso, ninguém é sem os outros e livre *dos* outros. Todos são chamados a ser livres *com* os outros e *para* os outros. O verdadeiro exercício da liberdade consiste em fortalecer a liberdade do outro para que, juntos, vivamos no reino da liberdade, a maior construção civilizatória dos seres humanos.

Como bem deixou escrito Che Guevara em seu *Diário*: "Somente serei verdadeiramente livre quando o último homem tiver conquistado também a sua liberdade".

9

O direito de nascer e de morrer com dignidade

A aprovação, há anos, pelo parlamento holandês da eutanásia provocou acaloradas discussões no mundo inteiro. A decisão pessoal de um dos mais renomados teólogos católicos, o suíço Hans Küng, de optar pela morte assistida, motivada pelas limitações das doenças, alimentou ainda mais a polêmica.

A questão não é simples e permite múltiplas posições. Queremos apresentar uma delas, compartilhada por significativo grupo de teólogos e teólogas cristãos. Embora não gozem de unanimidade, representam uma contribuição a ser considerada.

Há de se partir do fato de que a morte pertence à vida, e a vida pertence à eternidade, que é a realização plena das virtualidades da vida. Como somos responsáveis pela nossa vida, assim devemos ser responsáveis também pela nossa morte.

Temos direito a uma vida digna e também o direito de uma morte digna. Esse direito muitas vezes nos é negado pelo fato de sermos obrigados a ficar atrelados a aparelhos e a medicamentos que nos prolongam a vida no sentido meramente vegetativo (chamamos a isso de distanásia), o que não preenche os requisitos para a integralidade de uma vida minimamente humana.

A vida como auto-organização da matéria comparece como o fruto mais elevado da evolução e, numa perspectiva espiritual, representa o maior dom de Deus. Mesmo assim, como seres éticos, somos responsáveis pelo começo da vida e também responsáveis pelo seu fim.

Outrora as igrejas relutavam em acolher o planejamento familiar, pois imaginavam, erroneamente, que seria interferir no desígnio de Deus de introduzir vidas no mundo. Hoje, essas mesmas igrejas ensinam o planejamento familiar responsável. Igualmente ensinam que todo ser humano tem o direito de morrer humanamente. Cabe ao próprio ser humano, mortalmente doente, decidir de forma qualificada sobre o prolongamento ou não de seu estado irreversível. Na sua impossibilidade, ocupam o seu lugar os familiares e os médicos.

Isso implica que o médico fará tudo para curar o paciente e proporcionar os remédios para aliviar-lhe a dor. Ao mesmo tempo em que luta contra a morte reforça também no paciente a vontade de viver. Não significa que deva recorrer a tratamentos extraordinários para prolongar a vida ou postergar a morte, sobretudo em situações-limite.

Uma terapia só tem sentido quando se ordena à reabilitação e à restituição das funções essenciais e vitais, e não simplesmente garantir uma vida vegetativa. Importa *deixar morrer*, o que não é a mesma coisa que *fazer morrer*. Uma coisa é respeitar o curso natural da vida, que termina com a morte; outra coisa é antecipar a morte por meios artificiais.

O cuidado pelo doente não deve ser apenas coisa dos médicos e enfermeiros, mas também dos familiares, dos conselheiros espirituais (sacerdotes, pastores, rabinos, pais ou mães de santo etc.) e dos amigos próximos.

Devem ser respeitadas as convicções e as crenças religiosas do paciente, especialmente ao sentido que ele dá à vida e à morte. Caso contrário, lhe fazemos violência, sempre; entretanto, no pressuposto de que a vida é o bem supremo em nome do qual nenhuma visão, ideologia ou convicção religiosa contrária possa prevalecer.

Para o cristianismo – religião da maioria do povo brasileiro –, a morte não é um fim, mas um peregrinar para a Fonte Originária de Toda Vida. Não é um diluir-se na poeira cósmica, mas um cair nos braços do Pai/Mãe eterno que tem infinita saudade de seus filhos e filhas peregrinantes.

Estamos sempre nascendo, e com a morte acabamos de nascer. Destarte, a morte perde seu caráter de brutal interrupção do ciclo da vida para se transfigurar numa passagem bem-aventurada para a plenitude da vida. Morrer, nesse sentido, seria atender a um chamado de Deus, que nos quer em sua casa à qual pertencemos desde toda a eternidade.

São Francisco, o primeiro depois do Único, morreu cantando, agradecendo à vida por tudo o que ela lhe proporcionara. Morrer é, então, fechar os olhos para ver melhor, como disse José Martí, o maior dos cubanos. Ver o sentido do universo e o nosso lugar no conjunto de todos os seres, carregados pelo Mistério no qual mergulharemos: eis a grande revelação que nos será comunicada no além-morte.

Tais visões ajudam a humanizar a morte e a desdramatizar os casos terminais. Pois não vivemos para morrer, como dizem os existencialistas. Mas morremos para ressuscitar, para viver mais e melhor, como creem os cristãos.

Caso à parte é a opção de um dos maiores teólogos de nosso tempo, Hans Küng, com uma obra gigantesca sobre distintas áreas do conhecimento: da teologia, da filosofia, das religiões, do ecumenismo, da ética e da política. Atacado fortemente pelo Mal de Parkinson, que lhe roubou os movimentos da mão e lhe enfraqueceu a vista, alegou que não podia fazer mais nada do que fazia como professor, conferencista e escritor. Dizia que não se reconhecia mais, e assim a vida lhe perdeu seu sentido. A morte assistida seria uma saída tranquila e feliz. Então, decidiu na Suíça, sua pátria natal, recorrer à morte voluntária e assistida, pois lá é legalmente reconhecida.

Como teólogo e colega me permito algumas ponderações. Começo perguntando: Não haverá aqui uma identificação entre a autoimagem de grande escritor e pensador com a realidade concreta de sua pessoa? Cada pessoa é muito mais do que a imagem que ela e os outros fazem dela. Em teologia constitui grave equívoco identificar a imagem e Deus com o próprio Deus. A mesma coisa ocorre com a pessoa humana: ela é mais do que todas as suas imagens.

Somos, como pessoa humana, um projeto infinito que encerra dentro de si incontáveis possibilidades. Nenhuma realização pessoal esgota essas possibilidades. Se não pode ser mais, ler adequadamente nem escrever como fazia antes, pode tranquilamente fazer tantas outras coisas que estão no âmbito de seu projeto infinito e que lhe devolverão, seguramente, um sentido para a vida.

Talvez, uma situação dessas abra espaço para uma viagem espiritual rumo ao próprio coração. Pode-se viver essa situação diante de Deus como forma de comunhão e de entrega confiante ao seu desígnio. Pode-se mesmo, com algum sacrifício, visitar doentes, dizer-lhes palavras de coragem, servir de exemplo de que, apesar de suas limitações, ainda pode produzir obras humanitárias.

Uma pessoa vale infinitamente mais do que todos os livros que possam ser escritos. Se ela devolver esperança a uma outra pessoa desenraizada de seu meio e lhe fizer surgir sentimentos de resignação confiante, fazendo-a sentir-se na palma da mão de Deus, de quem serenamente acolhe seu destino misterioso, terá feito uma das maiores obras de misericórdia. Isso vale mais do que toda uma biblioteca.

Mas há um outro ponto de grande densidade teológica, talvez descurada pelo eminente teólogo: aproveitar essa situação-limite para sentir-se solidário com todos os que no mundo sofrem como ele. Entre os sofredores se estabelece um laço de comunhão secreta que comunica energia e sentido de viver.

Há, ainda, um derradeiro ponto, e esse de ordem mística. Küng – que escreveu tanto e tão belamente sobre Jesus, sua saga, sua paixão e morte violenta e como ser cristão no mundo de hoje no seguimento deste Jesus – abriria, com essa situação, uma possibilidade única de se sentir unido ao Cristo sofredor, como sugere São Paulo em suas epístolas.

Ele sofre com o Cristo que, segundo Pascal, ainda está agonizando na história. Ele pode completar o que falta ao sofrimento do Cristo cósmico, sofrendo com Ele e oferecendo esse sofrimento em benefício de todos os sofredores do mundo.

As grandes maiorias anônimas e pobres da humanidade pendem de uma cruz. Associar-se a eles e sofrer a sua cruz pessoal, como eles a sofrem, geralmente silenciosos e resignados, conferiria a Küng grande dignidade e uma expansão de generosidade de seu coração.

Morrer tranquilo, sem dor, na serenidade de fármacos poderosos, parece realizar o ideal medíocre e pequeno-burguês de quem perdeu os laços de conexão com o universo que também sofre dores de parto (cf. Rm 8,22), com a Terra crucificada, com a humanidade sofredora e com o Cristo que ainda sofre nos seus irmãos e irmãs, e que, enquanto eles e elas não tiverem ressuscitado, sua ressurreição não está ainda completa.

Morrer nessa comunhão, mesmo entre dores e limitações de toda ordem, é morrer cristãmente. Morre como cristão, seguidor do Crucificado. Não morre como um estoico que suporta a morte porque ela pertence à vida, mas sem dar-lhe um sentido humanizador, porque não consegue escapar dela.

Escrevo isso ao amigo, ao companheiro de tribulações, porque juntos sofremos as perseguições das autoridades eclesiásticas do Vaticano; juntos fomos difamados, nossas intenções distorcidas, nosso trabalho impedido ou prejudicado. Tudo suportamos por convicções que eram mais fortes do que a carreira acadêmica cômoda de uma famosa universidade. Morremos não simplesmente porque chegou a nossa vez; morremos porque sentimos o chamado do Pai que vem nos buscar e levar para a casa que sempre ansiamos e à qual pertencemos desde toda a eternidade.

Morrer assim é digno. A morte é a irmã que nos vem buscar para abrir a porta do Reino da Trindade, que é amor, comunhão e vida eterna.

10

Francisco de Assis: nele o ser humano teve jeito

Ao concluir esta parte conviria acenar a uma figura paradigmática que nos dá a esperança de que o ser humano pode ter jeito: São Francisco de Assis. Um dos legados mais fecundos deste homem de Assis e atualizado por Francisco de Roma é a pregação da paz, tão urgente nos dias atuais. A primeira saudação que São Francisco dirigia aos que encontrava pelas estradas era desejar *Paz e Bem*, que corresponde ao *shalom* bíblico. A paz que ansiava não se restringia às relações interpessoais e sociais. Buscava uma paz perene com todos os elementos da natureza, tratando-os com o doce nome de irmãos e irmãs.

Especialmente a "irmã e Mãe Terra", como dizia, deveria ser abraçada pelo amplexo da paz. Seu primeiro biógrafo, Tomás de Celano, resume maravilhosamente o sentimento fraterno do mundo que o invadia, ao testemunhar:

> Enchia-se de inefável gozo todas as vezes que olhava o sol, contemplava a lua e dirigia sua vista para as estrelas e o firmamento. Quando se encontrava com as flores, pregava-lhes como se fossem dotadas e inteligência e as convidava a louvar a Deus. Fazia-o com

terníssima e comovedora candura: exortava à gratidão os trigais e os vinhedos, as pedras e as selvas, a plantura dos campos e as correntes dos rios, a beleza das hortas, a terra, o fogo, o ar e o vento.

Essa atitude de reverência e de enternecimento levava-o a recolher as minhocas dos caminhos para não serem pisadas. No inverno, dava mel às abelhas para que não morressem de escassez e de frio. Pedia aos irmãos que não cortassem as árvores pela raiz, na esperança de que pudessem se regenerar. Até as ervas daninhas deveriam ter um lugar reservado nos hortos, para que pudessem sobreviver, pois "elas também anunciam o formosíssimo Pai de todos os seres".

Só pode viver essa intimidade com todos os seres quem escutou sua ressonância simbólica dentro da alma, unindo a ecologia ambiental com a ecologia profunda; jamais se colocou acima das coisas, mas ao pé delas, verdadeiramente como quem convive como irmão e irmã, descobrindo os laços de parentesco que une a todos.

O universo franciscano e ecológico nunca é inerte nem as coisas estão jogadas aí, ao alcance da mão utilitarista do ser humano ou justapostas uma ao lado da outra, sem interconexões entre elas. Tudo compõe uma grandiosa sinfonia, cujo maestro é o próprio Criador.

Todas são animadas e personalizadas. Por intuição, o Santo de Assis descobriu o que sabemos atualmente por via científica (Crick e Dawson, os que decifraram o DNA), que todos os viventes somos parentes, primos, irmãos e irmãs, por possuirmos o mesmo código genético de base. Francisco experimentou espiritualmente essa consanguinidade.

Dessa atitude nasceu uma imperturbável paz, sem medo e sem ameaças, paz de quem se sente sempre em casa com os pais, os irmãos e as irmãs.

São Francisco realizou plenamente a esplêndida definição que *A Carta da Terra* encontrou para a paz: "É aquela plenitude criada por relações corretas consigo mesmo, com as outras pessoas, outras culturas, outras vidas, com a Terra e com o Todo maior do qual somos parte" (n. 16s.).

O Papa Francisco parece ter realizado as condições para a paz que irradia, paz fundada na compaixão pelos que sofrem, pela denúncia corajosa do sistema que produz miséria e fome e pela permanente busca da justiça social, que deixa para trás a filantropia e o simples assistencialismo, pois exige mudanças nas estruturas sociais.

A suprema expressão da paz, feita de convivência fraterna e acolhida calorosa de todas as pessoas e coisas, é simbolizada pelo conhecido relato da *perfeita alegria*. Através de um artifício da imaginação, Francisco apresenta todo tipo de injúrias e violências contra dois confrades (um deles é ele próprio, Francisco). Encharcados de chuva e de lama, chegam, exaustos, ao convento. Aí são rechaçados a bastonadas ("batidos com um pau de nó em nó") pelo frade porteiro. Embora tenham sido reconhecidos como confrades, são vilipendiados moralmente e rejeitados como gente de má fama.

No relato da perfeita alegria, que encontra paralelos na tradição budista, Francisco vai, passo a passo, desmontando os mecanismos que geram a cultura da violência.

A verdadeira alegria não está na autoestima, nem na necessidade de reconhecimento, nem em fazer milagres e falar em línguas. Em seu lugar, coloca os fundamentos da cultura da paz: o amor, a capacidade de suportar as contradições, o perdão e a reconciliação para além de qualquer cobrança, retribuição ou exigência prévia. Vivida essa atitude, irrompe a paz, que é uma paz interior inalterável, capaz de conviver jovialmente com as mais duras oposições; paz como fruto de um completo despojamento. Não são essas as primícias de um reino de justiça, de paz e de amor que tanto desejamos?

Essa visão da paz de São Francisco representa um outro modo de *estar no mundo*, junto e ao lado das coisas; uma alternativa ao modo de ser da Modernidade e da Pós-modernidade, assentado sobre o *estar sobre as coisas*, dominando-as; a posse e o uso desrespeitoso delas para o enriquecimento e o desfrute humano, sem qualquer outra consideração.

Embora tenha vivido há mais de oitocentos anos, novo é ele, e não nós. Nós somos velhos e envelhecidos que, com a nossa voracidade, estamos destruindo as bases que sustentam a vida em nosso planeta e pondo em risco o nosso futuro como espécie.

A descoberta da irmandade cósmica nos ajudará a sair da crise e nos devolverá a inocência perdida, que é a claridade infantil da idade adulta.

TERCEIRA PARTE

Ecologia e as novas formas de democracia

1
A guerra contra Gaia que jamais ganharemos

O cataclismo de 2008, a maior crise do sistema globalizado da economia e das finanças, foi fruto de avidez e de mentiras dos grandes conglomerados e das bolsas, especialmente de Wall Street e de Londres. Ele esconde uma via-sacra de sofrimento para milhões de pessoas que perderam suas economias, suas casas e seus postos de trabalho. Quem fala deles? Os verdadeiros culpados se reúnem mais para salvaguardar ou corrigir o sistema que lhes garante hegemonia sobre os demais atores do que para encontrar caminhos com características de racionalidade, cooperação e compaixão para com as vítimas e para com toda a humanidade.

Essa crise traz à luz outras crises que, quais espadas de Dâmocles, estão pesando sobre a cabeça de todos: a climática, a energética, a alimentária, a da água-doce e outras. Todas elas remetem para a crise do paradigma dominante.

A situação de caos generalizado suscita questões metafísicas sobre o sentido do ser humano no conjunto dos seres em evolução. Neste momento silenciam os pós-modernos com o seu *every thing goes*. Queiram eles ou não, há coisas que têm que valer, há sentidos que devem ser preservados; caso contrário, nos enchafurdamos no mais reles cinismo, expressão de profundo desprezo pela vida. E terminamos na depressão, na frustração e, no limite, no suicídio.

Já há tempos que pensadores como Teilhard de Chardin ou René Girard notaram certo excesso de maldade no caminho da evolução consciente. Cito um pensamento de Girard, estudioso da violência, quando esteve entre nós, no Brasil, em 1990, dialogando com teólogos da libertação:

> Tudo parece provar que as forças geradoras da violência neste mundo, por razões misteriosas que eu tento compreender, num certo nível são mais poderosas do que a harmonia e a unidade. Este é o aspecto sempre presente do pecado original enquanto, para além de qualquer concepção mítica, representa um nome para a violência na história.

Não há por que rejeitar esse sombrio veredicto. Somente o pensamento da esperança contra toda a esperança, da compaixão e da utopia nos oferece um pouco de luz.

Mesmo assim, é preciso conviver com a sombra de que somos seres com imensa capacidade de autodestruição, até o último homem. Há anos uma pesquisa alemã sobre as guerras na história da humanidade, citada por Michel Serres em seu livro *Guerre mondiale* (2008), chegava aos seguintes dados: 3 mil anos antes de nossa era até o presente momento, 3 bilhões e 800 milhões de seres humanos teriam sido chacinados, muitos deles em guerras de total extermínio. Só no século XX foram mortas 200 milhões de pessoas. Como não questionar, honestamente, sobre a natureza desse ser complexo, contraditório, anjo bom e satã da Terra, que é o ser humano?

Hoje vivemos uma situação absolutamente inédita. É a guerra coletiva contra Gaia. Até a introdução da guerra total por Hitler (*totaler Krieg*), as guerras possuíam seu ritual: eram entre exércitos. Depois passaram a ser entre nações e entre povos; era a guerra de todos contra todos. Hoje ela se radicalizou: é a guerra de todos contra o mundo, contra o Planeta Gaia (*bellum omnium contra Terram*).

Pois é isso que está implicado em nosso paradigma civilizacional, que se propôs explorar e sugar, com violência tecnológica, a totalidade dos bens e serviços do Planeta Terra, que os andinos com justa razão chamam de "bondades da natureza". Com efeito, atacamos a Terra em todas as suas frentes: nos solos, nos subsolos, nos ares, nas florestas, nas águas, nos oceanos, no espaço exterior. Qual é o canto da Terra que não seja objeto de conquista e de dominação por parte do ser humano?

Há feridas e sangue por todas as partes, sangue e feridas de nossa Mãe Terra. Ela geme e se contorce nos terremotos, nos tsunamis, nos ciclones, nas enchentes devastadoras em Santa Catarina, nas cidades serranas do Rio de Janeiro e nas secas terrificantes do Nordeste. São sinais que ela nos está enviando. Cabe interpretá-los e mudar a nossa conduta.

Essa guerra jamais será ganha por nós. Gaia é paciente e com capacidade imensa de suporte e resiliência, como fez com tantas outras espécies no passado. Oxalá não decida livrar-se da nossa nas próximas gerações.

Não nos basta o sonho do filósofo Immanuel Kant da *paz perpétua* entre todos os povos ou do filósofo italiano Norberto Bobbio da generalização da *democracia* e da observância dos *direitos humanos*, como aqueles fundamentos que confeririam a perpetuidade de nossa civilização. Hoje temos dúvidas sobre a sustentabilidade de tais fundamentos.

Precisamos, sim, com urgência, fazer um pacto de paz perene de todos com a Terra. Já a atormentamos demasiadamente. Importa pensar-lhe as feridas e cuidar de sua saúde. Só então Terra e humanidade terão um destino minimamente garantido.

Precisamos, outrossim, articular o pacto natural com o pacto social e nos sentir partes da natureza, como seus cuidadores e guardiães. Então ter-se-á dado um dos fundamentos capazes de suportar um novo ensaio civilizatório.

Caso contrário, estaremos num voo cego, sem lugar para nos dirigir.

2
Podemos deter o "Titanic ecológico?"

Estamos no olho de uma crise civilizacional sem precedentes na história. Todas as grandes crises civilizacionais conhecidas eram regionais. Na sequência da crise surgia um novo sujeito histórico ("os bárbaros") com vitalidade e projeto alternativo que permitiam a história continuar com uma nova esperança.

Desta vez é diferente. A crise parece ser global, estrutural e terminal. *Global*, porque envolve todo o globo. Não poupa nenhuma reserva "bárbarica" capaz de uma alternativa global. É *estrutural*, porque não se trata de uma crise de conjuntura que, superada, permite a estrutura continuar a funcionar. A civilização ocidental, hoje globalizada. *Terminal*, porque agora o coração foi atingido letalmente. Com ela termina não o mundo, mas um tipo de mundo social, montado nos últimos séculos.

Para resolver os problemas internos e os herdados, esse tipo de mundo precisaria negar-se a si mesmo. E isso ele não faz. Por isso, faz sentido a severa advertência de Eric Hobsbawm ao concluir a *Era dos extremos – O breve século XX* (São Paulo: Companhia das Letras, 1995, p. 562): "O mundo corre o risco de explosão e implosão. Tem que mudar [...] a alternativa para a mudança é a escuridão (1995, p. 562)". Fatalmente está em rota de colisão com o *iceberg* que ele mesmo criou.

Qual é esse *iceberg*? O individualismo, o consumismo e a depredação da natureza. Todos pertencem à lógica do sistema histórico-social; por essência individualista, consumista e depredador.

Ele é *individualista*. O que conta não é a sociedade e os outros. Cada qual procura a sua felicidade própria; quero ter a *minha* família, a *minha* casa, a *minha* esposa, a *minha* conta bancária, o *meu* destino pessoal. Não é contraditório cada qual possuir tais bens. Contraditório é possuí-los excluindo outros e até criando condições adversas para que os outros não os atinjam, e assim não os ameacem em seu lugar social. Ocorre que o indivíduo não existe; é uma abstração. O que existe é a pessoa humana; nó de relações orientadas em todas as direções.

Ele é *consumista*. A máquina foi projetada para produzir bens e serviços de forma linear, crescente e ilimitada. Esses se destinam ao consumo "quanto maior melhor". Se não houver consumo, o negócio vai à falência. Os seres humanos são induzidos a consumir mais e mais e a universalizar o consumo, incluindo todos, se possível, na sociedade de consumo. Isso se torna mais fácil se for criada uma cultura de consumo. Assim, tudo se fará inconscientemente.

O consumo não é solidário, mas individualista. Por isso, produz desigualdades e injustiças clamorosas que atentam contra o sentido da criação, orientada mais pela cooperação do que pela competição, hoje hegemônica.

Ele é *depredador*. O consumismo ilimitado leva à depredação da natureza, com consequências funestas para a sua reprodução. Normalmente desaparecem, no processo normal de evolução, cerca de 300 espécies de seres vivos por ano. Atualmente, devido à voracidade consumista, desaparecem cerca de 100 mil espécies, segundo os dados do grande biólogo norte-americano Edward Wilson. Isso equivale a uma verdadeira devastação ecológica.

Quase todos os bens e serviços não renováveis se fazem mais e mais escassos. Alguns representam limites intransponíveis que porão o sistema a perder, como é o caso da escassez de água potável. Somente 3% de toda água do planeta é potável. Destes, apenas 0,7% é acessível ao uso humano, sendo que 70% servem à agricultura, 20% à indústria e o pequeno resto à dessedentação dos humanos e dos animais.

Nos vários fóruns internacionais organizados pela ONU se chamou a atenção para o fato de que nos próximos anos far-se-ão guerras devastadoras entre regiões para garantir acesso à água potável, sem a qual a vida se torna impossível. Acrescente-se a isso as reduções vigorosas, nos próximos 30-40 anos, da energia fóssil (petróleo), sangue da máquina industrialista mundial. Dependemos de fontes energéticas renováveis alternativas – solar, eólica, das marés e de biocombustíveis – ainda insuficientemente desenvolvidas, para o atendimento das necessidades globais.

Há saídas para uma crise de tais proporções? Sim, à condição de inaugurarmos, com toda urgência, um novo padrão civilizatório de consumo responsável e solidário e de uma sobriedade compartida por todos no arco de relação cooperativa e respeitosa para com a natureza.

A distorção filosófica subjacente à nossa civilização é o fato de ela ter-se construído sobre a parafernália dos meios técnicos para produzir poder e riqueza, e não sobre os fins que dão sentido à nossa aventura planetária. Ela exasperou a razão instrumental-analítica, base da dominação sistemática da natureza, do colonialismo e do imperialismo. Marginalizou a inteligência cordial, base da ética, da espiritualidade e da felicidade, que colocam a questão dos valores e dos fins últimos dos seres humanos. A primeira representa a modernidade técnico-científica, triunfante. A segunda, a modernidade ético-espiritual, relegada à margem.

A salvação residiria no resgate do que deixamos para trás, refundando uma civilização que confira centralidade à comunidade de vida e, em razão dela, reinvente a economia, a política e as formas de participação social. Querem-no os senhores do poder e dos negócios?

Na verdade, eles, sobranceiros, continuam consumindo à tripa forra, depredando o patrimônio natural comum, mais preocupados em auferir vantajosos lucros do que em garantir condições para que o planeta ainda continue habitável.

Podemos deter o "Titanic" em rota de colisão? Sim e não. Sim, se introduzirmos as mudanças necessárias, na base da feliz combinação da inteligência intelectual amalgamada com a inteligência cordial. Não, se persistirmos no atual caminho, absolutamente irracional, que nos leva a cenários dramáticos.

Mas existem as forças que construíram o universo e a nós mesmos. Elas são mais fortes do que a destrutividade humana. A elas devemos nos abrir, especialmente àquela Energia de Fundo, insondável e misteriosa, sem margens e infinita, a maior metáfora de Deus ou a presença do Espírito Criador.

3

Fim de uma era, uma nova civilização ou o fim do mundo?

Há vozes de personalidades de grande respeito que advertem que estamos já dentro de uma Terceira Guerra Mundial. A mais autorizada é a do Papa Francisco. Em 13/09/2014, ao visitar um cemitério de soldados italianos mortos na Eslovênia, disse: "a Terceira Guerra Mundial pode ter começado, lutada aos poucos com crimes, massacres e destruições".

O ex-chanceler alemão Helmut Schmidt, em 19/12/2014, com 93 anos, advertiu acerca de uma possível Terceira Guerra Mundial, por causa da Ucrânia, disputada pela Rússia e pelas potências ocidentais. Na oportunidade, culpou a arrogância e os militares burocratas da União Europeia, submetidos às políticas belicosas dos Estados Unidos.

George W. Bush conclamou todos a conduzirem guerra ao terror depois dos atentados contra as Torres Gêmeas, em 11/09/2001. Eliot Cohen, conhecido diretor de Estudos Estratégicos da Johns Hopkins University, confirmaram Bush e Michael Leeden – historiador, filósofo neoconservador e antigo consultor do Conselho de Segurança dos Estados Unidos –, prefere falar em Quarta Guerra Mundial, entendendo a Guerra Fria, com suas guerras regionais, como a Terceira Guerra Mundial.

Boaventura de Souza Santos – conhecido sociólogo e analista da situação do mundo – escreveu um documentado artigo sobre a Terceira Guerra Mundial (*Boletim Carta Maior*, 22/12/2014). Em sua esteira, Noam Chomsky – o mais contundente crítico norte-americano à política externa imperial – advertiu sobre a gravidade do desaparecimento de nossa espécie, seja através da guerra nuclear, seja em consequência da crise ecológica globalizada. E outras vozes autorizadas se fazem ouvir aqui e acolá.

Convincente é a análise, diria profética – pois está se realizando, como previu –, de Jacques Attali em seu conhecido livro *Uma breve história do futuro* (São Paulo: Novo Século, 2008). Ele foi assessor de François Mitterand e preside a Comissão dos "Freios ao Crescimento". Trabalha com uma equipe multidisciplinar de grande qualidade. Ele prevê três cenários:

(1) O *superimpério*, composto pelos Estados Unidos e seus aliados. Sua força reside em poder destruir toda a humanidade. Mas está em decadência devido à crise sistêmica da ordem capitalista. Rege-se pela ideologia do Pentágono do *full spectrum dominance* (dominação do espectro total) em todos os campos: militar, ideológico, político, econômico e cultural. Mas foi ultrapassado economicamente pela China e tem dificuldades de submeter todos à lógica imperial.

(2) O *superconflito:* com a decadência lenta do império, dá-se a balcanização do mundo, como se constata atualmente com conflitos regionais no norte da África, no Oriente Médio, na África e na Ucrânia. Esses conflitos podem conhecer um *crescendo* com a utilização de armas de destruição em mas-

sa (ex., Síria e Iraque), depois de pequenas armas nucleares (existem hoje milhares no formato de uma mala de executivo), que destroem pouco, mas deixam regiões inteiras por muitos anos inabitáveis devido à alta radioatividade. Pode-se chegar ao ponto da utilização generalizada de armas nucleares, químicas e biológicas, e a humanidade fará a experiência que pode se autodestruir.

(3) A *superdemocracia*. Para não destruir a si mesma e grande parte da biosfera, a humanidade elabora um contrato social mundial, com instâncias plurais de governabilidade planetária. Com os bens e serviços naturais escassos, devemos garantir a sobrevivência da espécie humana e de toda a comunidade de vida, que também é criada e mantida pela Terra/Gaia.

Se essa fase não surgir, poderá ocorrer o fim da espécie humana e grande parte da biosfera, por culpa de nosso paradigma civilizatório racionalista.

Sobre isso escreveu bem o economista e humanista Luiz Gonzaga Beluzzo:

> O sonho ocidental de construir o habitat humano somente à base da razão, repudiando a tradição e rejeitando toda a transcendência, chegou a um impasse. A razão ocidental não consegue realizar concomitantemente os valores dos direitos humanos universais, as ambições do progresso da técnica e as promessas do bem-estar para todos e para cada um (*Carta Capital*, 21/12/2014).

Em sua irracionalidade, esse tipo de razão construiu os meios de dar fim a si mesma. O processo de evolução deverá possivelmente esperar alguns milhares ou milhões de anos até que surja um ser suficientemente complexo capaz de suportar o espírito que, primeiro, está no universo e somente depois em nós.

Mas também poderá irromper uma nova era que conjugue a razão sensível (do amor e do cuidado) com a razão instrumental-analítica (a tecnociência).

Emergirá, enfim, o que Teilhard de Chardin chamava, ainda em 1933 na China, de *noosfera*: as mentes e os corações unidos na solidariedade, no amor e no cuidado para com a Casa Comum, a Terra.

Escreveu Attali: "Quero acreditar, enfim, que o horror do futuro predito acima contribuirá para torná-lo impossível; então se desenhará a promessa de uma Terra hospitaleira para todos os viajantes da vida" (*Uma breve história do futuro*. São Paulo: Novo Século, 2008, p. 219).

E, no final, deixa a nós brasileiros este desafio: "Se há um país que se assemelha ao que poderia tornar-se o mundo, no bem e no mal, esse país é o Brasil" (p. 231).

4
Quando começou nosso erro?

Sentimos hoje a urgência de estabelecermos uma paz perene com a Terra. Há séculos estamos em guerra contra ela. Enfrentamo-la de mil formas no intento de dominar suas forças e de aproveitar ao máximo seus bens e serviços. Temos conseguido vitórias, mas a um preço tão alto, que agora a Terra parece se voltar contra nós. Não temos chance alguma de ganhar dela. Ao contrário, os sinais nos dizem que devemos mudar, senão ela poderá continuar sob a luz benfazeja do Sol, mas sem a nossa presença.

É tempo de fazermos um balanço e nos perguntarmos: Quando começou nosso erro? A maioria dos analistas diz que tudo começou há cerca de 10 mil anos com a revolução do neolítico, quando os seres humanos se tornaram sedentários; projetaram vilas e cidades, inventaram a agricultura, começaram com as irrigações e a domesticação dos animais.

Isso lhes permitiu sair da situação de penúria de, dia após dia, garantir a alimentação necessária pela caça e pela recoleção de frutos. Agora, com a nova forma de produção, criou-se o estoque de alimentos, que serviu de base para montar exércitos, fazer guerras e criar impérios, mas se desarticulou a relação de equilíbrio entre natureza e ser humano. Iniciou-se o processo de conquista do planeta, que culminou em nossos tempos com a tecnificação e artificialização de praticamente todas as nossas relações com o meio ambiente.

Estimo, entretanto, que esse processo começou muito antes, no seio mesmo da antropogênese, desde os seus albores. Cabe distinguir três etapas na relação do ser humano com a natureza.

A primeira era de *interação*. O ser humano interagia com o meio, sem interferir nele, aproveitando de tudo o que ele abundantemente lhe oferecia. Prevalecia grande equilíbrio entre ambos.

A segunda era de *intervenção*. Corresponde à época em que surgiu, há cerca de 2,4 milhões de anos, o *homo habilis*. Esse nosso ancestral começou a intervir na natureza ao usar instrumentos rudimentares como um pedaço de pau ou uma pedra para melhor se defender e se assenhorear das coisas ao seu redor. Inicia-se o rompimento do equilíbrio original. O ser humano tenta se sobrepor à natureza.

A terceira é de *agressão*. Coincide com a revolução do neolítico, que nos referimos anteriormente. Aqui se abre um caminho de alta aceleração na conquista da natureza, de povos, dando origem a grandes conglomerados humanos e a verdadeiros impérios.

Após a revolução do neolítico sucederam-se as várias revoluções: a industrial, a nuclear, a biotecnológica, a da informática, da automação e a da nanotecnologia. Sofisticaram-se cada vez mais os instrumentos de agressão, até penetrar nas partículas subatômicas (*topquarks*, *hadrions*) e no código genético dos seres vivos (DNA).

Em todo esse processo se operou um profundo deslocamento na relação. De ser inserido na natureza como parte dela, o ser humano transformou-se num ser fora e acima dela. Seu propósito é dominá-la e tratá-la, na expressão de Francis Bacon – o formulador do método científico –, como o inquisidor trata o seu inquirido; torturá-la até que entregue todos os seus segredos. Esse método é vastamente imperante nas universidades e nos laboratórios, ainda nos dias de hoje.

Entretanto, a Terra é um planeta pequeno, velho e com limitados recursos. Sozinha não consegue mais se autorregular. O estresse pode se generalizar e assumir formas catastróficas. Pode eventualmente ocorrer um colapso do sistema-vida e do sistema-Terra, pois seu equilíbrio é extremamente sutil e frágil.

Temos que reconhecer nosso erro: o de termos nos afastado dela e nos exilando, esquecendo que somos Terra, que ela é o único lar que possuímos e que nossa missão é cuidar dela.

Devemos fazê-lo com a tecnologia que desenvolvemos pela inteligência analítica e técnica, mas assimilada dentro de um paradigma de sinergia e de benevolência fundada na inteligência cordial e sensível. Sem esse casamento feliz entre esses dois tipos de inteligência – ao qual eu acrescentaria também a inteligência espiritual – dificilmente estabeleceremos uma equação de equilíbrio que realize a bela definição que *A Carta da Terra* dá à paz: "A plenitude gestada por relações corretas consigo mesmos, com outras pessoas, outras culturas, outras vidas, com a Terra e com o Todo do qual somos parte" (n. 16s.)

5
A Terra: sujeito de dignidade e de direitos

O tema central da Cúpula dos Povos sobre as Mudanças Climáticas – reunida em Cochabamba em 19-23/04/2010, convocada pelo Presidente da Bolívia Evo Morales Ayma – é o da subjetividade da Terra, de sua dignidade e direitos.

O tema é relativamente novo, pois dignidade e direitos eram reservados somente aos seres humanos, portadores de consciência e inteligência. Predomina ainda uma visão antropocêntrica, como se nós exclusivamente fôssemos portadores de dignidade. Esquecemos que somos parte de um todo maior. Como dizem renomados cosmólogos, se o espírito está em nós é sinal que ele estava antes no universo do qual somos fruto e parte.

Há uma tradição da mais alta ancestralidade que sempre entendeu a Terra com a Grande Mãe que nos gera e que fornece tudo o que precisamos para viver. As ciências da Terra e da vida vieram, pela via científica, confirmar essa visão. A Terra é um superorganismo vivo, Gaia, que se autorregula para ser sempre apta a manter a vida nela.

A própria biosfera é um produto biológico, pois se origina da sinergia dos organismos vivos com todos os demais elementos da Terra e do cosmos. Criaram o habitat adequado para a vida, a biosfera. Portanto, não há apenas vida sobre a Terra; ela mesma é viva, e como tal possui um valor intrínseco, devendo ser respeitada e cuidada como todo ser vivo. Este é um dos títulos de sua dignidade e a base real de seu direito de existir e de ser respeitada como os demais seres.

Os astronautas nos deixaram este legado: vista de fora da Terra, Terra e humanidade fundam uma única entidade; não podem ser separadas. A Terra é um momento da evolução do cosmos, a vida é um momento da evolução da Terra, e a vida humana, um momento da evolução da vida. Por isso podemos, com razão, dizer que o ser humano é aquela porção de Terra em que ela começou a ter consciência, a sentir, a pensar e a amar. Somos a porção e a parte consciente e inteligente da Terra.

Se os seres humanos possuem dignidade e direitos, como é consenso dos povos, e se Terra e seres humanos constituem uma unidade indivisível, então podemos dizer que a Terra participa da dignidade e dos direitos dos seres humanos.

Por isso, não pode sofrer sistemática agressão, exploração e depredação por um projeto de civilização que apenas a vê como algo sem inteligência e por isso a trata sem qualquer respeito, negando-lhe valor autônomo e intrínseco em função da acumulação de bens materiais.

É uma ofensa à sua dignidade e uma violação de seus direitos de poder continuar inteira, limpa e com capacidade de reprodução e de regeneração. Por isso, está em discussão um projeto na ONU de um Tribunal da Terra que pune quem viola sua dignidade, desfloresta e contamina seus oceanos e destrói seus ecossistemas, vitais para a manutenção dos climas e da vida.

Por fim, há um último argumento que deriva de uma visão quântica da realidade. Esta constata, seguindo Einstein, Bohr e Heisenberg, que tudo, no fundo, é energia em distintos graus de densidade. A própria matéria é energia altamente interativa. A matéria, desde os *hadrions* e os *topquarks*, não possui apenas massa e energia; todos os seres também são portadores de informação.

O jogo das relações de todos com todos faz com que eles se modifiquem e guardem a informações dessa relação. Cada ser se relaciona com os outros do seu jeito, de tal forma que se pode falar que surgem níveis de subjetividade e de história. A Terra guarda, em sua longa história de 4,3 bilhões de anos, esta memória ancestral de sua trajetória evolucionária. Ela tem subjetividade e história. Logicamente ela é diferente da subjetividade e da história humana. Porém, a diferença não é de princípio (todos estão conectados), mas de grau (cada um à sua maneira).

Uma razão a mais para entender, com os dados da ciência cosmológica mais avançada, que a Terra possui dignidade, e por isso é portadora de direitos, o que corresponde de nossa parte deveres de cuidá-la, amá-la e mantê-la saudável para continuar a nos gerar e nos oferecer os bens e serviços que nos presta.

Agora começa o tempo de uma biocivilização, na qual Terra e humanidade, dignas e com direitos, reconhecem a recíproca pertença, de origem e de destino comuns.

6

A Carta da Terra: promessa de uma Terra feliz

Em 1992, por ocasião da Cúpula da Terra no Rio de Janeiro, foi proposto um texto – *A Carta da Terra* – que devia ser a base teórica da Agenda 21, mas que por diversas razões não foi aceito. Insatisfeitos, os organizadores, especialmente Maurice Strong da ONU e Mikhail Gorbachev, diretor da Cruz Verde Internacional, suscitaram a ideia de se criar um movimento mundial para formular uma Carta da Terra que nascesse de baixo para cima, e não das burocracias dos ministérios do meio ambiente.

Deveria recolher o que a humanidade deseja e quer para sua Casa Comum, a Terra. Efetivamente, por 8 anos realizaram-se reuniões que envolveram 46 países e mais de 100 mil pessoas, até que em inícios de março de 2000 no espaço da Unesco, em Paris, o texto final de *A Carta da Terra* foi aprovado.

É um dos textos que recolhem o que de melhor o discurso ecológico produziu no horizonte do novo paradigma, nascido das ciências da vida e da Terra. Tudo é estruturado em 4 princípios fundamentais, detalhados em 16 proposições de apoio: 1) Respeitar e cuidar da comunidade de vida; 2) Integridade ecológica; 3) Justiça social e econômica; 4) Democracia, não violência e paz.

O sonho coletivo proposto não é o "desenvolvimento sustentável", fruto da economia política dominante. Mas "um modo de vida sustentável", fruto do cuidado para com a vida e com a Terra. Esse sonho supõe entender "a humanidade como parte de um vasto universo em evolução" e a "Terra como nosso lar e viva"; implica também "viver o espírito de parentesco com toda a vida", "com reverência ao mistério da existência; com gratidão ao dom da vida, e com humildade, nosso lugar na natureza"; propõe uma ética do cuidado, que utiliza racionalmente os bens escassos para não prejudicar o capital natural nem as gerações futuras; elas também têm direito a um planeta sustentável e com boa qualidade de vida.

Se for aprovada pela ONU, *A Carta da Terra* será agregada à *Carta dos Direitos Humanos*. Assim, teremos uma visão holística da Terra e da humanidade, formando um todo orgânico, sujeito de dignidade e direitos, com o mesmo futuro comum.

A parte final, ao se referir como deveríamos continuar em nossa trajetória, faz uma proposta revolucionária, capaz de mudar nossa relação para com a Terra e para com o nosso futuro:

> Como nunca antes na história, o destino comum nos conclama a buscar um novo começo... Isto requer uma mudança na mente e no coração. Requer um novo sentido de interdependência global e de responsabilidade universal. Devemos desenvolver e aplicar com imaginação a visão de um modo sustentável de vida aos níveis local, nacional, regional e global (O caminho a seguir).

Dois pontos cabem ser enfatizados: mudança na mente e no coração.

A mudança na mente supõe um novo olhar sobre a Terra, não mais como algo inerte, sem propósito, um baú cheio de recursos a serem utilizados pelo ser humano, mas a Terra como os antigos a viam e os modernos comprovaram cientificamente: *Gaia*, *Magna Mater* e *Pacha Mama*. Ela é um super ente vivo e se comporta como um superorganismo que equilibra todos os elementos fundamentais para a vida, de forma que sempre produz e reproduz vida em sua imensa diversidade.

Edward Wilson, renomado biólogo, assegura-nos que em "um só grama de terra [...] vivem cerca de 10 bilhões de bactérias, pertencentes a até mil espécies diferentes" (*A criação – Como salvar a vida na Terra*. São Paulo: Companhia das Letras, 2008, p. 26), o que vem comprovar que a Terra é realmente viva.

Assumir essa nova mente nos leva a respeitar e amar a Terra, pois verdadeiramente é nossa mãe.

A *mudança no coração* implica ir além da inteligência intelectual, científico-técnica, sempre necessária para a sobrevivência da vida. Precisamos resgatar a inteligência cordial e sensível, e amalgamá-la à inteligência intelectual. Sem essa inteligência cordial, que é muito mais ancestral do que a outra, não nos sensibilizamos pelas doenças e chagas que afetam a Mãe Terra. É na inteligência cordial que se encontram os grandes sonhos, a capacidade de amar e de se comprometer com os outros e, no nosso caso, com a salvaguarda da vida e de Gaia.

Não basta ter um novo olhar. Ele pode ser frio. Precisamos do calor e do entusiasmo do coração para buscarmos outras formas de produzir, distribuir e consumir, atendendo a nós e a toda a comunidade de vida.

E com as núpcias dessas duas inteligências – reforçadas pela inteligência espiritual, que também pertence à nossa natureza – teremos definido a direção certa; não rumo a um desenvolvimento/crescimento sustentável, mas a um modo sustentável de vida em todos os níveis em que esta se realiza.

A *Carta da Terra* é uma bússola segura que aponta para uma Terra que poderá ser o lar de nossa identidade; Casa Comum na qual todos podem caber, incluída toda a natureza.

7
A quem pertence a Terra?

No Brasil e em outros países se discute muito a questão da internacionalização da Amazônia ou a quem pertence essa rica porção do Planeta Terra. Essa questão, percebo, remete a outra ainda mais fundamental: A quem pertence a Terra?

Muitas são as respostas possíveis; algumas verdadeiras, outras insuficientes ou até falsas. Com certa naturalidade poderíamos responder: A Terra pertence a si mesma, pois como um super ente vivo possui valor intrínseco, tem propósito, uma história de mais de 4 bilhões de anos.

É como se perguntássemos: A quem pertencem as estrelas, o Sol e seus planetas? Pertencem a si mesmos. Aqui não vale o argumento da posse, bem típica da cultura capitalista, que pretende se apropriar de tudo e colocar preço em todas as coisas. Quanto custa um pôr do sol? Quanto vale um arco-íris?

Tais questões são absurdas. A pergunta correta é: Quem são os encarregados de cuidar da Terra? Ela cuida de si mesma, pois possui seus próprios dinamismos de reprodução, regeneração e autossustentação. Mas nem por isso perde sentido a pergunta: Quem possui, por vocação, o cuidado e a proteção dessa herança sagrada que recebemos do universo e da generosidade do próprio Deus.

As Escrituras judeu-cristãs são claras ao dizerem que Adão e Eva (nossos ancestrais simbólicos) foram colocados no Jardim do Éden para cuidar dele e protegê-lo (Gn 2,15).

Em outras palavras: *cuidar* implica impedir maldades contra a Terra, sanar eventuais feridas e impedir futuras. *Proteger* quer dizer, em termos modernos, garantir a sustentabilidade de tudo o que existe no paraíso. *Conferir sustentabilidade* consiste em permitir que todos os seres permaneçam na existência e tenham todas as condições físico-químicas-ecológicas para se reproduzirem.

Se pensarmos, no entanto, no sentido do uso racional – comedido e respeitoso dos bens e serviços da Terra em função da manutenção e melhoria da vida – podemos dizer que a Terra pertence aos humanos. Não como propriedade exclusiva e particular, pois a Terra não produziu apenas nós, seres humanos; ela produziu toda a comunidade de vida, todos os demais seres, os quintilhões de quintilhões de micro-organismos que se escondem no solo e nos mares.

A Terra também pertence a eles, em parceria conosco. Mas cabe enfatizar que não foram eles que receberam o mandato de cuidar e de guardar, mas nós, seres humanos, portadores de consciência, de inteligência, de amor e de cuidado.

Aqui cabe mencionar as palavras do Gênesis: "entrego-vos tudo [...] propagai-vos pela Terra e dominai-a" (9,3.7). Observo que em hebraico, língua em que foi escrito o Gênesis, "dominar" não possui o sentido moderno: ter poder sobre o outro e submetê-lo. Biblicamente, "dominar" é administrar uma herança recebida, com cuidado, com racionalidade e com responsabilidade. Portanto, totalmente contrário ao nosso espírito dominador moderno.

Curiosamente, a bioantropologia nos informa que os humanos irromperam no cenário da evolução quando a Terra estava 99,98% pronta. Eles não assistiram ao seu nascimento nem ela precisou deles para organizar sua complexidade e biodiversidade. Como pode lhes pertencer? Só a ignorância unida à arrogância os faz pretender a posse da Terra, como pretende a cultura possessiva do capital.

Se quisermos manter a palavra "pertencer", anteriormente criticada, poderíamos responder: A Terra pertence aos seres mais numerosos que a habitam. Então, ela pertenceria aos micro-organismos – bactérias, fungos, vírus –, pois constituem 95% de todos os seres vivos. Segundo o conceituado biólogo E. Wilson, 1 grama de terra contém cerca de 10 bilhões de bactérias de 6 mil espécies diferentes. Imaginemos os quintilhões de quintilhões de micro-organismos que habitam a totalidade dos solos terrestres. Todos eles têm mais direito de posse da Terra do que nós, seja por sua ancestralidade, seja pelo número, seja pela função de garantir sua vitalidade.

Ou ela pertence à totalidade dos ecossistemas que servem à comunidade de vida, regulando os climas e sua composição físico-química. Esta resposta é boa, mas insuficiente porque esquece as relações que a Terra entretém com as energias e os elementos do universo.

Assim, a Terra, além de pertencer a si mesma, pertence ao sistema solar, que, por sua vez, pertence à nossa galáxia, a Via Láctea, que, por fim, pertence ao cosmos. Ela é um momento de um processo evolucionário de 13,7 bilhões de anos.

Mas esta resposta não nos satisfaz, pois ela remete a uma pergunta ulterior: E o cosmos, a quem pertence? Pertence a si mesmo. Mas quanto à sua origem pertence àquela Energia de

Fundo, ao Vácuo Quântico, ao Abismo Alimentador de Todos os Seres, à Fonte Originária de Tudo. Esta é a resposta que os astrofísicos e cosmólogos costumam dar. E é correta, mas ainda não é a última.

Cabe uma derradeira pergunta: A quem pertence a energia de fundo do universo? Alguém poderia simplesmente responder: Ela não pertence a ninguém, pois pertence a si mesma. É dela que emergem continuamente os seres.

Esta resposta, no entanto, remete ainda a uma derradeira, só respondível pela teologia: Ela simplesmente pertence a Deus, seu criador, sustentador e grande atrator.

Mudando de registro e caindo em nossa realidade cotidiana e brutal dos negócios: A quem pertence a Terra? Ela, na verdade é apropriada indevidamente e acaba pertencendo aos que detêm poder, aos que controlam os mercados, aos que vendem e compram seu chão, seus bens e serviços, água, genes, sementes, órgãos humanos, pessoas feitas também mercadorias. Esses pretendem ser os donos da Terra e dispõem dela como bem entendem.

Mas são donos ridículos, pois esquecem que não são donos deles mesmos, nem de sua vida nem de sua morte. Eles podem, ao estilo do Cacique Seattle, comprar ou vender a brisa da terra? Podem dispor da beleza das montanhas e do encanto das flores? Podem pagar por um sorriso de criança?

Todas estas questões revelam quão absurda é a questão da pertença e da posse da Terra. O que nela é melhor e mais gratuito não pode ser apropriado por ninguém, porque tudo é oferecido generosamente e sem preço. Tudo tem valor, mas não tem preço.

Por fim, a quem pertence a Terra? Fico com a resposta mais sensata e satisfatória das religiões, bem representadas pela judeu-cristã. Nesta Deus diz: "Minha é a Terra e tudo o que ela contém, e vocês são meus hóspedes e inquilinos" (Lv 25,23). Só Deus é Senhor da Terra, e não passou escritura nem deu registro de posse a ninguém. Nós somos hóspedes temporários e simples cuidadores com a missão de torná-la o que um dia foi: o Jardim do Éden, e não o matadouro que a transformamos com nossa falta de cuidado e de responsabilidade.

8
Se conhecêssemos os sonhos dos brancos...

A crise econômico-financeira que afligiu grande parte das economias mundiais a partir de 2008 criou a possibilidade de os muito ricos ficarem tão ricos como jamais na história do capitalismo, logicamente à custa da desgraça de países inteiros como a Grécia, a Espanha, Portugal e outros.

Ladislau Dowbor (http://dowbor.org), renomado professor de Economia da PUC-SP, com vasta experiência internacional, resumiu um estudo do famoso Instituto Federal Suíço de Pesquisa Tecnológica (ETH), que por credibilidade concorre com as pesquisas do MIT de Harvard. Nesse estudo se mostra como funciona a rede do poder corporativo mundial, constituída por 737 atores principais que controlam basicamente os fluxos financeiros do mundo, em particular aqueles ligados aos grandes bancos e a outras imensas corporações multinacionais. Para esses, a atual crise é uma incomparável oportunidade de realizarem o sonho maior do capital: acumular de forma cada vez maior e de maneira concentrada.

O capitalismo realizou agora o seu sonho, possivelmente o derradeiro de sua já longa história. Atingiu o teto máximo. E depois do teto? Ninguém sabe. Mas podemos imaginar que a resposta nos virá não de outros modelos de produção e consumo, mas da própria Mãe Terra, de Gaia, que, finita, não suporta mais um sonho infinito.

Ela está dando claros sinais antecipatórios, que no dizer do Prêmio Nobel de Medicina Christian de Duve (cf. *Poeira Vital – A vida com imperativo cósmico*. São Paulo: Objetiva, 1997), são semelhantes àqueles que antecederam as grandes dizimações ocorridas na já longa história da vida na Terra (3,8 milhões de anos). Precisamos estar atentos, pois os eventos extremos que já vivenciamos nos apontam para eventuais catástrofes ecológico-sociais ainda em nossa geração.

O pior disso tudo é que nem os políticos, nem grande parte da comunidade científica e mesmo da população se dá conta dessa perigosa realidade. Ela é tergiversada ou ocultada, pois é demasiadamente antissistêmica e nos obrigaria a mudar, coisa que poucos almejam.

Mas essa mudança é impostergável, pois corremos o risco de chegarmos atrasados e, eventualmente, conhecermos o destino sofrido pelos dinossauros; depois de viverem mais de 100 milhões de anos sobre a Terra, com a queda de um meteoro gigante no Caribe, há 65 milhões de anos, desapareceram completamente dentro de pouco tempo.

Falta-nos um sonho maior que galvanize as pessoas para salvar a vida no planeta e garantir o futuro da espécie humana. Morrem as ideologias, envelhecem as filosofias, mas os grandes sonhos permanecem. São eles que nos guiam por meio de novas visões e nos estimulam a gestar novas relações sociais para com a natureza e a Mãe Terra.

Agora entendemos a pertinência das palavras do cacique pele-vermelha Seattle ao Governador Stevens, do Estado de

Washington em 1856, quando este forçou a venda das terras indígenas aos colonizadores europeus. O cacique não entendia por que se pretendia comprar a terra. Pode-se comprar ou vender a aragem, o verdor das plantas, a limpidez da água cristalina e o esplendor das paisagens? Para ele, tudo isso é terra, e não o solo como meio de produção.

Nesse contexto reflete que os pele-vermelhas compreenderiam o porquê e também a civilização dos brancos, "se conhecessem os sonhos do homem branco, se soubessem quais as esperanças que esse transmite a seus filhos e filhas nas longas noites de inverno, e quais as visões de futuro que oferece para o dia de amanhã".

Qual é o sonho dominante de nosso paradigma civilizatório, que colocou o mercado e a mercadoria como eixo estruturador de toda a vida social? É a posse de bens materiais, a maior acumulação financeira possível e o desfrute mais intenso que pudermos ter de tudo o que a natureza e a cultura nos podem oferecer até à saciedade. É o triunfo do materialismo refinado que coopta até o espiritual feito mercadoria com a enganosa literatura de autoajuda, cheia de mil fórmulas para sermos felizes, construída com cacos de psicologia, de nova cosmologia, de religião oriental, de mensagens cristãs e de esoterismo. É enganação para criar a ilusão de felicidade fácil.

Mesmo assim, por todas as partes surgem grupos portadores de nova reverência para com a Terra, inauguram comportamentos alternativos, elaboram novos sonhos de um acordo de amizade com a natureza e creem que o caos presente não é só caótico, mas generativo de um novo paradigma de civilização, que eu chamaria de *civilização de re-ligação*, sintonizada com a lei mais fundamental da vida e do universo, que é a panrelacionalidade, a sinergia e a complementaridade.

Alcançado esse ponto, teremos feito irromper um novo paradigma civilizacional que mostra uma nova forma de habitar a Mãe Terra, uma nova relação de mutualidade para com a natureza, a criação de outras formas mais benevolentes de produção e de distribuição mais equitativa de tudo o que a Terra nos dá e que o trabalho humano forjou.

Queremos apresentar algumas características, de forma extremamente sintética, do que poderia ser o novo paradigma já nascente em muitas partes do mundo. Ele foi formulado já há quase um século, oferecendo uma leitura unificada do universo, da história e da vida. Ousamos apresentar algumas figuras de pensamento que o caracterizam.

1) *Totalidade/diversidade*. O universo, o sistema-Terra, o fenômeno humano estão em evolução e são totalidades orgânicas e dinâmicas construídas pelas redes de interconexões das múltiplas diversidades de energia e de matéria. Junto com a análise que dissocia, simplifica e generaliza, própria do paradigma da Modernidade, faz-se mister síntese pela qual fazemos justiça a essa totalidade. É o holismo, não como soma, mas como a totalidade das diversidades organicamente interligadas.

2) *Interdependência/re-ligação/autonomia relativa*. Todos os seres estão interligados, pois um precisa do outro para existir e coevoluir. Em razão dessa *internexão* há uma solidariedade cósmica de base que impõe limites à seleção natural. Mas cada um goza de autonomia relativa e possui sentido e valor em si mesmo.

3) *Relação/campos de força*. Todos os seres se encontram envolvidos numa teia de relações. Fora da relação nada existe. Junto com os seres em si, importa captar a relação entre eles. Tudo está dentro de campos pelos quais tudo tem a ver com tudo.

4) *Complexidade/interioridade*. Tudo vem carregado de energias em diversos graus de intensidade e de interação. Matéria não existe. É energia altamente condensada e estabilizada. Dada a inter-relacionalidade entre todos, os seres vêm dotados de informações cumulativas, especialmente os seres vivos superiores, que são altamente complexos e portadores de código genético. Esse fenômeno evolucionário vem mostrar a intencionalidade do universo apontando para uma interioridade, uma consciência supremamente complexa. Tal dinamismo faz com que o universo possa ser visto como uma totalidade inteligente e auto-organizante. Quanticamente o processo é indivisível, mas sempre se dá dentro da cosmogênese como processo global de emergência de todos os seres. Essa compreensão permite colocar a questão de um fio condutor que atravessa a totalidade do processo cósmico que tudo unifica, que faz o caos destrutivo ser generativo e a ordem sempre aberta a novas interações, gerando fenômenos cada vez mais complexos (estruturas dissipativas de Prigogine). A categoria Tao, Javé e Deus poderiam preencher heuristicamente esse significado.

5) *Complementaridade/reciprocidade/caos*. Toda a realidade se dá sob a forma de partícula e onda, de energia e matéria, ordem e desordem, caos e cosmos e, no nível humano, na forma de *sapiens e de demens*. Tal fato não é um defeito, mas a marca do processo global que sempre está sob a regência da

implenitude. Todas as dimensões são complementares e abertas em direção do futuro ignoto.

6) *Seta do tempo/entropia*. Tudo o que existe, pré-existe e co-existe. Portanto, a seta do tempo confere às relações um caráter de irreversibilidade. Nada pode ser compreendido sem uma referência à sua história relacional e ao seu percurso temporal. Ele está aberto para frente e para cima. Por isso, nenhum ser está pronto e acabado, mas está carregado de potencialidades. A harmonia total é promessa futura, e não celebração no presente. Como bem dizia o filósofo Ernst Bloch: "O gênesis está no fim, e não no começo". A história universal cai sob a seta termodinâmica do tempo, quer dizer: nos sistemas *fechados* (p. ex., os bens naturais limitados da Terra) deve-se tomar em conta a entropia ao lado da evolução temporal. As energias vão se dissipando inarredavelmente e ninguém pode detê-las. Mas o ser humano pode prolongar as condições de sua vida e do planeta mediante sua intervenção técnico-científica e mediante o uso racional de todas as coisas. Como um todo, o universo é um sistema *aberto* que se auto-organiza e continuamente transcende para patamares mais altos de vida e de ordem. Estes escapam da entropia (estruturas dissipativas de Prigogine) e o abrem para a dimensão do Mistério, de uma vida sem entropia e absolutamente dinâmica.

7) *Destino comum/pessoal*. Pelo fato de termos uma origem comum e de estarmos interligados, todos temos um destino comum num futuro sempre em aberto. É dentro dele que se deve situar o destino pessoal e de cada ser, já que em cada ser culmina o processo evolucionário. O como será esse futuro e qual será o nosso destino terminal caem no âmbito do Mistério e do imprevisível.

8) *Bem comum cósmico/bem comum particular*. O bem comum não é apenas humano, mas de toda a comunidade de vida, planetária e cósmica. Tudo o que existe e vive merece existir, viver e conviver. O bem comum particular emerge a partir da sintonia com a dinâmica do bem comum universal.

9) *Criatividade/destrutividade*. O ser humano, homem e mulher, no conjunto dos seres relacionados e das interações existentes, possui sua singularidade: é um ser extremamente complexo e co-criativo, porque intervém no ritmo da natureza para seu uso sustentável ou para a sua exploração irracional. Como observador, está sempre inter-agindo com tudo o que está à sua volta, e esta inter-ação faz colapsar a função de onda que se solidifica em partícula material (princípio de indeterminabilidade de Heisenberg). Ele entra na constituição do mundo assim como se apresenta, como realização de probabilidades quânticas (partícula/onda). É também um ser ético porque pode pesar os prós e os contras, agir para além da lógica do próprio interesse e em favor do interesse dos seres mais débeis, como pode também agredir a natureza e dizimar espécies (nova era do antropoceno).

10) *Atitude holístico-ecológica/antropocentrismo*. A atitude de abertura e de inclusão irrestrita propicia uma cosmovisão radicalmente ecológica (de pan-relacionalidade e re-ligação de tudo), superando o histórico antropocentrismo. Favorece, outrossim, sermos cada vez mais singulares e, ao mesmo tempo, solidários, complementares e criadores. Destarte, estamos em sinergia com o universo inteiro, cujo termo final se oculta sob o véu do Mistério, situado no campo da impossibilidade humana. O possível se repete; o impossível acontece: Deus.

Se tivermos percorrido esse espinhoso caminho de mudança paradigmática, teremos realizado a tão ansiada grande travessia para o realmente humano, amigo da vida e aberto ao Mistério de todas as coisas.

9
O desafio atual: a injustiça social e a injustiça ecológica

Entre os muitos problemas que assolam a humanidade, dois são de especial gravidade: a injustiça social e a injustiça ecológica. Ambos devem ser enfrentados conjuntamente, se quisermos pôr em rota segura a humanidade e o Planeta Terra.

A injustiça social é coisa antiga, derivada do modelo econômico que, além de depredar a natureza, gera mais pobreza, que pode gerenciar e superar. Ele implica grande acúmulo de bens e serviços de um lado, à custa de clamorosa pobreza e miséria, de outro.

Os dados falam por si: há 1 bilhão de pessoas que vivem no limite da sobrevivência com apenas um dólar ao dia. E há 2,6 bilhões (40% da humanidade) que vivem com menos de dois dólares diários. As consequências são perversas. Basta citar um fato: contam-se entre 350 e 500 milhões de casos de malária com 1 milhão de vítimas anuais, evitáveis.

Essa antirrealidade foi por muito tempo mantida invisível para ocultar o fracasso do modelo econômico capitalista feito para criar riqueza para poucos, e não bem-estar para a humanidade. Essa desigualdade é outro nome para a injustiça social mundial e representa, teologicamente, um pecado social e estrutural que afeta o próprio Deus, que é um Deus de vida e que está do lado daqueles que menos vida têm.

A segunda injustiça, a ecológica, está ligada à primeira. A devastação da natureza e o atual aquecimento global afetam todos os países, não respeitando os limites nacionais nem os níveis de riqueza ou de pobreza. Logicamente, os ricos têm mais condições de se adaptar e mitigar os efeitos danosos das mudanças climáticas. Face aos eventos extremos, possuem refrigeradores ou aquecedores e podem criar defesas contra inundações que assolam regiões inteiras.

Mas os pobres não têm como se defender. Sofrem os danos de um problema que não criaram. Fred Pierce, autor de *O terremoto populacional*, escreveu no *New Scientist* de nov./ 2009: "Os 500 milhões dos mais ricos (7% da população mundial) respondem por 50% das emissões de gases produtores de aquecimento, enquanto que os 50% dos países mais pobres (3,4 bilhões da população) são responsáveis por apenas 7% das emissões".

Essa injustiça ecológica dificilmente pode ser tornada invisível como a outra, porque os sinais estão em todas as partes; nem pode ser resolvida só pelos ricos, pois ela é global.

A solução deve nascer da colaboração de todos, de forma diferenciada: os ricos, por serem mais responsáveis no passado e no presente, devem contribuir muito mais com investimentos e com a transferência de tecnologias, e os pobres têm o direito a um desenvolvimento ecologicamente sustentável que os tire da miséria.

Seguramente, não podemos negligenciar soluções técnicas. Mas, sozinhas, são insuficientes, pois a solução global remete a uma questão prévia: ao paradigma de sociedade que se reflete na dificuldade de mudar estilos de vida e hábitos de consumo. Precisamos da solidariedade universal, da responsabilidade coletiva e do cuidado por tudo o que vive e existe (não somos os únicos a viver neste planeta nem a usar a biosfera).

É fundamental a consciência da interdependência entre todos e da unidade Terra e humanidade. Pode-se pedir às gerações atuais que se rejam por tais valores se estes nunca foram vividos globalmente? Como operar essa mudança que deve ser urgente e rápida?

Talvez somente após uma grande catástrofe que afligiria milhões e milhões de pessoas poder-se-ia contar com essa radical mudança, até por instinto de sobrevivência.

A metáfora mais adequada a essa situação seria: nosso país é invadido e ameaçado de destruição por alguma força externa. Diante dessa iminência, todos se uniriam, para além das diferenças. Como numa economia de guerra, todos se mostrariam cooperativos e solidários, aceitariam renúncias e sacrifícios, a fim de salvar a pátria e a vida.

Hoje a pátria é a vida e a Terra ameaçadas. Estamos dispostos a fazer tudo para salvá-la? Eis a questão que precisa ser respondida com urgência.

10
A ecologia e as novas formas de democracia

A democracia é seguramente o ideal mais alto que a convivência social historicamente elaborou. O princípio que subjaz à democracia e que goza da mais alta ancestralidade é este: "O que interessa a todos deve poder ser pensado e decidido por todos".

Ela tem muitas formas:

A *direta*, como é vivida na Suíça, na qual a população toda participa nas decisões via plebiscito.

A *representativa*, na qual as sociedades mais complexas elegem delegados que, em nome de todos, discutem e tomam decisões. A grande questão atual é que a democracia representativa se mostra incapaz de recolher as forças vivas de uma sociedade complexa, com seus movimentos sociais. Em sociedades de grande desigualdade social, como no Brasil, a democracia representativa assume características de irrealidade; quando não, de farsa. A cada 4 ou 5 anos os cidadãos têm a possibilidade de escolher o seu "ditador" que, uma vez eleito, faz mais a política palaciana do que estabelece uma relação orgânica com as forças sociais.

Há a democracia *participativa*, que significa um avanço diante da representativa. Forças organizadas da sociedade civil, como os grandes sindicatos, os movimentos sociais por terra, teto, saúde, educação, direitos humanos, ambientalistas e outros cresceram de tal maneira, que se constituíram como base da democracia participativa: o Estado obriga-se a ouvir e a discutir com tais forças as decisões a tomar. Ela está se impondo por todas as partes, especialmente na América Latina.

Há ainda a *democracia comunitária*, que é específica dos povos originários andinos e pouco conhecida e reconhecida pelos analistas. Ela nasce da estruturação comunitária das culturas originárias, do norte até o sul de Abya Yala, nome indígena para a América Latina. Ela busca realizar o *bem-viver*, que não é o nosso *viver melhor*, que implica que muitos vivam pior. O *bem-viver* é a busca permanente do equilíbrio mediante a participação de todos; equilíbrio entre homem e mulher, entre ser humano e natureza; equilíbrio entre a produção e o consumo na perspectiva de uma economia do suficiente e do decente, e não da acumulação. O *bem-viver* implica superação do antropocentrismo: não é só uma harmonia entre os humanos, mas com as energias da Terra, do Sol, das montanhas, das águas, das florestas e com Deus. Trata-se de uma democracia sociocósmica, na qual todos os elementos são considerados portadores de vida, e por isso incluídos na comunidade, tendo seus direitos respeitados.

Outros, entre os quais me conto, postulamos uma *democracia sociocósmica*. Essa visão parte do paradigma ecozoico e das contribuições das ciências do universo, da Terra e da vida. Daí emerge a concepção de que todos os seres, também nós humanos individuais e sociais, estamos dentro de um imenso processo cosmogênico. Entre todos os seres vigoram inter-retro-relações de forma que todos são interdependentes e se ajudam mutuamente para continuar existindo e se autorreproduzindo dentro do processo evolucionário. Cada ser possui valor intrínseco e pelo jogo das relações entre todos são portadores de informações (p. ex., o código genético, o DNA), e por isso possuem história e um grau próprio de subjetividade. Dessa forma, são sujeitos de respeito e de direitos. Devem ser incluídos na sociedade como "novos cidadãos" que dão a sua contribuição singular ao todo social. O que seriam nossas cidades sem as manchas verdes, sem os rios limpos, sem o ar purificado, sem as paisagens preservadas e sem as florestas que as circundam? Não seriam plenamente humanas. Essa *democracia sociocósmica* procura dar conta desta realidade englobante e cuidar para que ela seja continuamente inserida e preservada como um bem vital. Eis um avanço significativo no conceito de democracia que segue além do antropocentrismo e do sociocentrismo.

Por fim, estamos caminhando rumo a uma *superdemocracia planetária*. Alguns analistas como Jacques Attalli (*Uma breve história do futuro*. São Paulo: Novo Século, 2008) imaginam que ela será a alternativa salvadora diante de um superconflito que poderá, mantendo-se o livre-curso, destruir a humanidade. Essa superdemocracia resultará de uma consciência planetária coletiva que se dá conta da unicidade da família humana e de que o Planeta Terra, pequeno, com bens e serviços escassos, superpovoado e ameaçado pelas mudanças climáticas, obrigará os povos a estabelecerem estratégias e políticas globais para garantir a vida de todos e as condições ecológicas da Terra. Essa superdemocracia planetária não anula as várias tradições democráticas, fazendo-as complementares. Isso se alcança melhor mediante o *biorregionalismo*. Trata-se de um novo *design* ecológico, quer dizer, uma outra forma de organizar a relação com a natureza a partir dos ecossistemas regionais. Ao contrário da globalização uniformizadora, ele valoriza as diferenças e respeita as singularidades das biorregiões, com sua cultura local, tornando mais fácil o respeito aos ciclos da natureza e a harmonia com a Mãe Terra.

Temos que rezar para que esse tipo de democracia triunfe, senão ignoramos totalmente para onde seremos levados.

11
Rever os fundamentos de nosso modo de viver

A conjugação das várias crises, algumas conjunturais e outras sistêmicas, obriga todos a trabalharem em duas frentes: uma intrassistêmica, buscando soluções imediatas dos problemas para salvar vidas, garantir o trabalho/produção e evitar o colapso. Outra transistêmica, fazendo uma crítica rigorosa aos fundamentos teóricos que nos levaram ao atual caos e trabalhar sobre outros fundamentos que propiciem uma alternativa que permita, em um outro nível, a continuidade do projeto planetário humano.

Cada época histórica precisa de um mito que congregue pessoas, galvanize forças e confira novo rumo à história. O mito fundador da Modernidade reside na *razão* – desde os gregos –, eixo estruturador da sociedade. Ela cria a ciência, transforma-a em técnica de intervenção na natureza e se propõe dominar todas as suas forças. Para isso, segundo Francis Bacon, o fundador do método científico, deve-se torturar a natureza até que ela entregue todos os seus segredos.

Esse tipo de razão crê num progresso ilimitado e cria uma sociedade que se quer autônoma, de ordem e progresso. A razão suscitava a pretensão de tudo prever, tudo gerir, tudo controlar, tudo organizar e tudo criar. Ela ocupou todos os espaços, enviou ao limbo outras formas de conhecimento.

Eis que, depois de mais de 300 anos de exaltação da razão, assistimos à loucura da razão. Pois só uma razão enlouquecida organiza a sociedade na qual 20% da população mundial detêm 80% de toda riqueza da Terra; as três pessoas mais ricas do mundo possuem ativos superiores a toda a riqueza de 48 países mais pobres onde vivem 600 milhões de pessoas; 58 indivíduos sozinhos acumulam mais riqueza do que 3,2 bilhões de pessoas, o equivalente a 45% da humanidade; no Brasil. 5 mil famílias detêm 46% da riqueza nacional.

A insanidade da razão produtivista e consumista gerou o aquecimento global, que trará desequilíbrios já visíveis e a dizimação de milhares de espécies, inclusive a humana.

A ditadura da razão criou a sociedade da mercadoria com sua cultura típica, um certo modo de viver, de produzir, de consumir, de fazer ciência, de educar, de ensinar e de moldar as subjetividades coletivas. Essas devem se afinar à sua dinâmica e valores, procurando sempre maximalizar os ganhos, mediante a mercantilização de tudo. Ora, essa cultura, dita moderna, capitalista, burguesa, ocidental e hoje globalizada entrou em crise. Ela se expressa nas várias crises atuais que são, todas, expressão de uma única crise, a dos fundamentos.

Não se trata de abdicar da razão, mas de combater sua arrogância (*hybris*) e de criticar seu estreitamento na capacidade de compreender.

O que a razão mais precisa neste momento é ser urgentemente completada pela razão sensível (M. Maffesoli), pela inteligência emocional (D. Goleman), pela razão cordial (A.

Cortina), pela educação dos sentidos (J.F. Duarte Jr.), pela ciência com consciência (E. Morin), pela inteligência espiritual (D. Zohar), pelo *concern* (R. Winnicott) e pelo cuidado, como eu mesmo venho propondo há tempos.

É o sentir profundo (*pathos*) que nos faz escutar o grito da Terra e o clamor canino de milhões de famélicos. Não é a razão fria, mas a razão sensível que move as pessoas para tirá-las da cruz e fazê-las viver. Por isso, é urgente submeter à crítica o modelo de ciência dominante, impugnar radicalmente as aplicações que se fazem dela, mais em função do lucro do que da vida, desmascarar o modelo de desenvolvimento atual, que é insustentável por ser altamente depredador e injusto.

A sensibilidade, a cordialidade e o cuidado, levados a todos os níveis para com a natureza, nas relações sociais e na vida cotidiana, podem fundar, junto com a razão, uma utopia que podemos tocar com as mãos porque imediatamente praticável.

Estes são alguns dos fundamentos do nascente paradigma civilizatório que nos devolve a esperança de que a vida continuará e que nossa civilização, transformada, não será condenada a desaparecer como tantas na história, como a Maya na América Central e da Ilha de Páscoa no Pacífico.

12
O preço de não escutar a natureza

Os vários cataclismos que frequentemente ocorrem por todo o planeta e particularmente aquele que se abateu sobre as três cidades serranas do Estado do Rio de Janeiro – Petrópolis, Teresópolis e Nova Friburgo, em 12/11/2011 – nos colocam diretamente a questão sobre nossa relação para com a natureza.

Numa única noite 900 pessoas foram mortalmente vitimadas, milhares ficaram desabrigadas ou foram deslocadas com a destruição de regiões inteiras e um incomensurável sofrimento dos que perderam familiares, casas e todos os haveres. Isso teve como causa mais imediata as chuvas torrenciais, próprias do verão. Presume-se que esse desastre ecológico se conta entre os maiores do mundo nos últimos tempos.

A configuração geofísica das montanhas é coadjuvada pela pouca capa de solo sobre o qual cresce exuberante floresta subtropical, assentada sobre imensas rochas lisas que, por causa da infiltração das águas e o peso da vegetação, provocam frequentes deslizamentos fatais.

Culpam-se pessoas que ocuparam áreas de risco; incriminam-se políticos corruptos que distribuíram terrenos perigosos a pobres; critica-se o poder público que se mostrou leniente e não fez obras de prevenção, por não serem visíveis e não angariarem votos. Nisso tudo há muita verdade, mas não reside a causa principal dessa tragédia avassaladora.

A causa principal deriva do modo como costumamos tratar a natureza. Ela é generosa para conosco, pois nos oferece tudo do que precisamos para viver. Mas nós, em contrapartida, a consideramos como um objeto qualquer, entregue ao nosso bel-prazer, sem qualquer sentido de responsabilidade pela sua preservação; nem lhe damos alguma retribuição ou a deixamos descansar para refazer seu equilíbrio e seus nutrientes. Ao contrário, tratamo-la com violência, depredamo-la, arrancando dela tudo o que podemos para nosso benefício. E ainda a transformamos em imensa lixeira de nossos dejetos.

Pior ainda: nós não conhecemos sua natureza e sua história. Somos analfabetos e ignorantes da história que se realizou nos nossos lugares no percurso de milhares e milhares de anos. Não nos preocupamos em conhecer a flora e a fauna, as montanhas, os rios, as paisagens, as pessoas significativas que aí viveram: artistas, escritores, poetas, governantes, sábios e empreendedores.

Somos, em grande parte, ainda devedores do espírito científico moderno, que identifica a realidade com seus aspectos meramente materiais e mecanicistas, sem incluir a vida, a consciência e a comunhão íntima com as coisas que os poetas, músicos e artistas nos evocam em suas magníficas obras.

O universo e a natureza possuem história. Ela está sendo contada pelas estrelas, pela Terra, pelo afloramento e pela elevação das montanhas, pelos animais, pelas florestas e pelos rios. Nossa tarefa é saber escutar e interpretar as mensagens que eles nos mandam. Os povos originários sabiam captar cada movimento das nuvens, o sentido dos ventos e quando se anunciavam ou não trombas d'água.

Chico Mendes, com quem participei de longas penetrações na Floresta Amazônica do Acre, sabia interpretar cada ruído da selva, ler sinais da passagem de onças nas folhas do chão e, com o ouvido colado ao solo, sabia a direção em que ia a manada de perigosos porcos selvagens. Nós desaprendemos tudo isso. Com o recurso das ciências lemos a história inscrita nas camadas de cada ser, como o faz um de nossos melhores geógrafos, Assiz Ab'Saber, da Universidade de São Paulo. Mas esse conhecimento não entrou nos currículos escolares nem se transformou em cultura geral. Antes, virou técnica para dominar melhor a natureza e acumular mais.

No caso das cidades serranas, é natural que haja chuvas torrenciais no verão. Sempre podem ocorrer desmoronamentos de encostas. Sabemos que já se instalou o aquecimento global que torna os eventos extremos mais frequentes e mais densos. Conhecemos os vales profundos e os riachos que neles correm. Mas não escutamos a mensagem que eles nos enviam: não construir casas nas encostas; não morar perto de rio e preservar zelosamente a mata ciliar. O rio possui dois leitos: um normal, menor, pelo qual fluem as águas correntes, e outro maior, que dá vazão às grandes águas das chuvas torrenciais. Temos que respeitar o seu curso mais amplo. Por isso, nessa área não se pode construir e morar.

Estamos pagando alto preço pelo nosso descaso e pela dizimação da Mata Atlântica, que equilibrava o regime das chuvas. O que se impõe agora é escutar a natureza e fazer obras preventivas que respeitem o modo de ser de cada encosta, de cada vale e de cada rio.

Só controlaremos a natureza na medida em que lhe obedecermos e soubermos escutar suas mensagens e ler seus sinais. Caso contrário, teremos que contar com tragédias fatais evitáveis.

13

Outro paradigma: obedecer à natureza

Quando se aproximam grandes chuvas, inundações, temporais, furacões e deslizamentos de encostas temos que reaprender a escutar e a obedecer à natureza.

Toda nossa cultura ocidental, de vertente grega, está assentada sobre o *ver*. Não é sem razão que a categoria central – ideia – (*eidos* em grego) significa visão. A tele-*visão* é sua expressão maior. Temos desenvolvido até os últimos limites a nossa visão. Penetramos com os telescópios de grande potência até a profundidade do universo para ver as galáxias mais distantes. Descemos às derradeiras partículas elementares e ao mistério íntimo da vida. O olhar é tudo para nós. Mas devemos tomar consciência de que esse é o modo de ser do homem ocidental, e não de todos.

Outras culturas, como as próximas a nós, andinas (dos quéchuas, aimaras e outras), estruturam-se ao redor do *escutar*. Logicamente elas também veem, mas sua singularidade é escutar as mensagens daquilo que veem.

O camponês do antiplano da Bolívia me diz: "Eu escuto a natureza, eu sei o que a montanha me diz". Falando com um xamã, ele me testemunha: "Eu escuto a Pachamama e sei o que ela está me comunicando". Tudo fala: as estrelas, o sol, a lua, as montanhas soberbas, os lagos serenos, os vales profundos, as nuvens fugidias, as florestas, os pássaros e os animais.

As pessoas aprendem a escutar atentamente essas vozes. Livros não têm importância para eles porque são mudos, ao passo que a natureza está cheia de vozes. E eles se especializaram de tal forma nessa escuta, que sabem, ao ver as nuvens, ao escutar os ventos, ao observar as lhamas ou os movimentos das formigas, o que vai ocorrer na natureza.

Isso nos faz lembrar uma antiga tradição teológica elaborada por Santo Agostinho e sistematizada por São Boaventura na Idade Media: a revelação divina primeira é a voz da natureza, o verdadeiro livro falante de Deus. Pelo fato de termos perdido a capacidade de ouvir, Deus, por piedade, nos deu um segundo livro, que é a Bíblia, para que, lendo seus conteúdos, pudéssemos ouvir novamente o que a natureza nos diz.

Francisco Pizarro, no ano de 1532 em Cajamarca, com uma cilada traiçoeira, aprisionou o chefe inca Atahualpa, ordenou ao frade dominicano Vicente Valverde que, com seu intérprete Felipillo, lesse para o *requerimento*, um texto em latim pelo qual deviam se deixar batizar e submeter-se aos soberanos espanhóis, pois o papa assim o dispusera. Caso contrário, poderiam ser escravizados por sua desobediência.

O inca lhe perguntou de onde vinha aquela autoridade. Valverde entregou-lhe o livro da Bíblia. Atahualpa o pegou e o colocou ao ouvido. Como não tivesse escutado nada, jogou a Bíblia ao chão. Foi o sinal para que Pizarro massacrasse toda a guarda real e aprisionasse o soberano inca. Como se vê, a *escuta* era tudo para Atahualpa. O livro da Bíblia não falava nada.

Para a cultura andina, tudo se estrutura dentro de uma teia de relações vivas, carregadas de sentido e de mensagens. Percebem o fio que tudo penetra, unifica e dá significado. Nós ocidentais vemos as árvores, mas não percebemos a floresta. As coisas estão isoladas umas das outras; são mudas. A fala é só nossa.

Captamos as coisas fora do conjunto das relações. Por isso, nossa linguagem é formal e fria. Nela temos elaborado nossas filosofias, teologias, doutrinas e dogmas. Mas esse é o nosso jeito de sentir o mundo, mas não é de todos os povos.

Os andinos nos ajudam a relativizar nosso pretenso "universalismo". Podemos expressar as mensagens por outras formas relacionais e includentes, e não por aquelas objetivísticas e mudas a que estamos acostumados. Eles nos desafiam a *escutar* as mensagens que nos vêm de todos os lados.

Nos dias atuais devemos escutar o que as nuvens negras, as florestas das encostas, os rios que rompem barreiras, as encostas abruptas, as rochas soltas... nos advertem. As ciências na natureza nos ajudam nessa escuta, mas não é nosso hábito cultural captar as advertências daquilo que vemos.

Então nossa surdez nos faz vítimas de desastres lastimáveis. Só dominamos a natureza, obedecendo-a, quer dizer, escutando o que ela nos ensina. A surdez nos dará amargas lições.

14

A revisitação da sabedoria ancestral indígena

O paradigma civilizatório globalizado assentado sobre a guerra contra Gaia e contra a natureza está levando todo o sistema da vida a um grande impasse. Há sinais inequívocos de que a Terra não aguenta mais essa sistemática exploração de seus bens naturais e a ofensa continuada da dignidade de seus filhos e filhas, os seres humanos, excluídos e condenados, aos milhões, a minguar e a morrer de fome.

Mas precisamos estar conscientes de que essa guerra não será ganha por nós, mas por Gaia. Como observava Eric Hobsbawm na última página de seu conhecido livro *A era dos extremos – O breve século XX* (São Paulo: Companhia das Letras, 1994, p. 562): "O futuro não pode ser a continuação do passado; nosso mundo corre o risco de explosão e implosão; tem de mudar; a alternativa para a mudança da sociedade é a escuridão".

Como evitar esta escuridão que pode significar a derrocada de nosso tipo de civilização e eventualmente o "Armagedon da espécie humana"? É imperioso revisitarmos outras civilizações que nos podem inspirar sabedoria ecológica. Há muitas. Tomamos como paradigmática a civilização maya, pelo simples fato de ter tido a oportunidade de conhecê-la mais de perto e de dialogar longamente com os seus sábios, sacerdotes e xamãs.

Daquela riqueza imensa quero ressaltar apenas dois pontos centrais que são grandes ausências em nosso modo de habitar o mundo: a cosmovisão harmônica com todos os seres e sua fascinante antropologia centrada no coração.

A sabedoria maya vem da mais alta ancestralidade e é conservada pelos avós e pelos pais. Como não passaram pela circuncisão da cultura moderna, guardam com fidelidade as antigas tradições e os ensinamentos, consignados também em escritos como no *Popol-Vuh* e nos Livros de *Chilam Balam*.

A intuição básica de sua cosmovisão se aproxima muito à da moderna cosmologia e Física Quântica. O universo é construído e mantido por energias cósmicas, pelo "Criador e Formador de tudo", como dizem eles. O que existe na natureza nasceu do encontro de amor entre o Coração do Céu e o Coração da Terra.

A Mãe Terra é um ser vivo que vibra, sente, intui, trabalha, engendra e alimenta todos os seus filhos e filhas. A dualidade de base entre formação e desintegração (nós diríamos, entre caos e cosmos) confere dinamismo a todo o processo universal. O bem-estar humano consiste em estar permanentemente sincronizado com esse processo e cultivar um profundo respeito diante de cada ser. Então, ele se sente parte consubstancial da Mãe Terra e desfruta de toda sua beleza e proteção. A própria morte não é inimiga; é um envolver-se mais radicalmente com o universo.

Os seres humanos são vistos como "os filhos e filhas esclarecidos, os averiguadores e buscadores da existência". Para chegar a sua plenitude o ser humano passa por três etapas, verdadeiro processo de individuação.

Ele poderá ser *"gente de barro"*: pode falar, mas não tem consistência às águas, pois se dissolve. Desenvolve-se mais e pode ser *"gente de madeira"*, que tem entendimento, mas não alma que sente porque é rígido e inflexível como a madeira. Por fim, alcança a fase de *"gente de milho"*, que "conhece o que está perto e o que está longe". Mas sua característica é ter *coração*. Por isso "sente perfeitamente, percebe o universo, a Fonte da vida" e pulsa ao ritmo do Coração do Céu e do Coração da Terra.

A essência do humano está no coração, naquilo que vimos enfatizando nos capítulos anteriores: na razão cordial e na inteligência sensível.

É dando centralidade ao coração que teremos uma base criativa, sensível, cuidadosa e amorosa, capaz de sustentar, entre outros valores, uma civilização de rosto profundamente humano.

15

Em nós está toda a memória do universo

O ser humano é o último ser de grande porte a entrar no processo da evolução por nós conhecido. Como não existe somente matéria e energia, mas também informação, esta vem estocada em forma de memória no código genético dos seres vivos e no tecido de todos os demais seres surgidos ao longo de todas as fases do processo cosmogênico.

Em nossa memória reboam as últimas reminiscências do *big-bang*, que deu origem ao nosso cosmos há 13,7 bilhões de anos. Nos arquivos de nossa memória são guardadas as vibrações energéticas oriundas das inimagináveis explosões das grandes estrelas vermelhas das quais vieram as supernovas e os conglomerados de galáxias, cada qual com seus bilhões de estrelas, planetas e asteroides.

Nela se encontram ainda ressonâncias do calor gerado pela destruição de galáxias, umas devorando outras; do fogo originário das estrelas e dos planetas ao seu redor; da incandescência da Terra; do fragor dos líquidos que caíram por 100 milhões de anos, em forma de chuva, por sobre o nosso planeta até resfriá-lo (era hadeana); da exuberância das florestas ancestrais; reminiscências da voracidade dos dinossauros que reinaram, soberanos, por 133 milhões de anos; da agressividade dos nossos ancestrais antropoides no afã de sobreviver;

do entusiasmo pelo fogo que cozinha os alimentos e ilumina as noites; da irrupção fascinante da consciência e da inteligência; da alegria pelo primeiro símbolo pintado nas paredes das cavernas; pelas flores colocadas sobre as sepulturas dos mortos, cujo pólen perdura por milhões de anos; pela primeira palavra pronunciada; pela lágrima derramada pela perda do ente amado, reminiscências da suavidade das brisas leves, das manhãs diáfanas, do alcantilado das montanhas cobertas de neve; lembranças da interdependência entre todos os seres, criando a comunidade dos viventes; do encontro com o outro, capaz de ternura, entrega e amor; finalmente, do êxtase da descoberta do mistério do mundo que todos chamam por mil nomes e nós por Deus.

Tudo isso está sepultado em algum canto de nossa psique e no código genético de cada célula de nosso corpo, porque somos tão ancestrais quanto o universo.

Nós não vivemos neste universo nem sobre a nossa Terra como seres erráticos. Nós viemos do útero comum de onde vieram todas as coisas, da Energia de Fundo ou do Abismo Alimentador de Todos os Seres, do hádrion primordial, do *top-quark up*, um dos tijolinhos mais ancestrais do edifício cósmico, até o computador atual. E somos filhos e filhas da Terra-mãe.

Mais. Somos aquela porção da Terra que anda e dança, que freme de emoção e pensa, que quer e ama, que se extasia e venera o Mistério de todas as coisas que perpassa o inteiro universo e sustenta com amor cada ser existente.

Todas essas memórias estão contidas e difusas no universo. Mas eis que se condensaram em nosso sistema solar e só depois irromperam concretas em nossa Terra e, depois ainda, em nossa existência coletiva e pessoal. Porque tudo isso estava virtualmente lá pode estar agora aqui, em nossas vidas.

O princípio cosmogênico – vale dizer, aquelas energias diretoras que comandam, cheias de propósito, todo o processo evolucionário – obedece à seguinte lógica, tão bem exposta por Edgar Morin, Ilya Prigogine e Brian Swimme: ordem, desordem, interação, nova ordem, nova desordem, novamente interação, nova ordem, e assim sempre, em uma ascensão sem parar.

Mediante essa lógica criam-se sempre mais complexidades e diferenciações; e na mesma proporção vão se criando interioridade e subjetividade até a sua expressão lúcida e consciente, que é a mente humana. Também simultaneamente e na mesma proporção vai se gestando a capacidade de reciprocidade de todos com todos, em todos os momentos e em todas as situações. Diferenciação/interioridade/comunhão: eis a trindade cósmica que preside o organismo do universo.

Tudo vai acontecendo processual e evolutivamente, submetido ao não equilíbrio dinâmico (caos) que busca sempre um novo equilíbrio, através de adaptações e interdependências (cosmos).

A existência humana não está fora dessa dinâmica. Tem dentro de si essas constantes cósmicas de caos e de cosmos, de não equilíbrio em busca de um novo equilíbrio, de vida e de transformação.

Enquanto estivermos vivos nos encontramos sempre enredados nessa condição. Quanto mais próximos do equilíbrio total, mais próximos da morte. A morte é a fixação do equilíbrio e do processo cosmogênico. Ou a sua passagem para um nível que vai além deste, no qual somos e nos movemos e que demanda outra forma de acesso e de conhecimento. A vida não foi projetada para acabar na morte, mas para se transformar por meio da morte.

Como essa estrutura concretamente se dá em nós? Antes de mais nada, pelo cotidiano. Cada qual vive o seu dia a dia que começa com a *toillete* pessoal, o jeito como mora, o que come, o trabalho, as relações familiares, os amigos, o amor. O cotidiano é prosaico e, não raro, carregado de desencanto. A maioria da humanidade vive aprisionada ao cotidiano com o anonimato que ele envolve. É o lado da ordem universal que emerge na vida das pessoas.

Mas os seres humanos são também habitados pela imaginação, chamada *de a louca da casa*. Ela rompe as barreiras do cotidiano e busca o novo. A imaginação é, por essência, fecunda; é o reino do poético, das probabilidades de si infinitas (de natureza quântica). Imaginamos nova vida, nova casa, novo trabalho, novos prazeres, novos relacionamentos, novo amor. A imaginação produz a crise existencial e o caos na ordem cotidiana.

É da sabedoria de cada um articular o cotidiano com o imaginário, o prosaico com o poético, retrabalhar a desordem e forjar outra ordem.

Se alguém se entrega somente ao imaginário pode estar fazendo uma viagem, voando pelas nuvens e esquecido da Terra, podendo acabar em uma clínica psiquiátrica.

Pode também negar a força sedutora do imaginário, sacralizar o cotidiano e sepultar-se, vivo, dentro dele. Então, mostra-se pesado, desinteressante e frustrado. Rompe com a lógica do movimento universal.

Quando alguém, entretanto, assume seu cotidiano e o vivifica com injeções de criação, então começa a irradiar uma rara energia interior só percebida pelos que com ele convivem.

Então começarão a brotar as sementes de sua plena humanidade. O que ela é, não o sabemos com segurança. Mas intuímos que ela tem a ver com a Última Realidade com a qual se relaciona, e no amor faz a experiência, testemunhada pelos místicos do Ocidente e do Oriente: "a amada no Amado transformada", concedendo-nos, graciosamente, ser Deus por participação.

16
Papa Francisco: os direitos da Mãe Terra e o cuidado pela Casa Comum

Antes de qualquer comentário vale enfatizar algumas singularidades da Encíclica *Laudato Si'* – Sobre o cuidado da Casa Comum, do Papa Francisco.

Singularidades da nova encíclica

É a primeira vez que um papa aborda o tema da ecologia no sentido de uma *ecologia integral* (portanto, que vai além da ambiental) de forma tão completa. Grande surpresa: elabora o tema dentro do novo paradigma ecológico, coisa que nenhum documento oficial da ONU até hoje fez. Fundamental é seu discurso com os dados mais seguros das ciências da vida e da Terra. Lê os dados afetivamente (com a inteligência sensível ou cordial), pois discerne que por trás deles se escondem dramas humanos e muito sofrimento, também por parte da Mãe Terra. A situação atual é grave, mas o Papa Francisco sempre encontra razões para a esperança e para a confiança de que o ser humano pode encontrar soluções viáveis. Honra os papas que o antecederam, João Paulo II e Bento XVI, citando-os com frequência. E algo absolutamente novo: seu texto se inscreve dentro da colegialidade, pois valoriza as contribuições de dezenas de conferências episcopais do mundo inteiro, que vão dos Estados Unidos, da Alemanha, do Brasil, da Patagônia-Camauhe até ao Paraguai. Acolhe as contribuições de outros pensadores como os católicos Pierre Teilhard de Chardin, Romano Guardini, Dante Alighieri, de seu mestre argentino Juan Carlos Scannone, do protestante Paul Ricoeur e do muçulmano sufi Ali Al-Khawwas. Por fim, os destinatários são todos os seres humanos, pois todos são habitantes da mesma Casa Comum (palavra muito usada pelo papa) e padecem das mesmas ameaças.

O Papa Francisco não escreve na qualidade de mestre e doutor da fé, mas como um pastor zeloso que cuida da Casa Comum e de todos os seres, não só dos humanos, que habitam nela.

O papa escreve a partir da experiência pastoral latino-americana

Um elemento merece ser ressaltado, pois revela a *forma mentis* (a maneira de organizar seu pensamento) do Papa Francisco. Este é tributário da experiência pastoral e teológica das igrejas latino-americanas que, à luz dos documentos do Episcopado Latino-Americano (Celam) de Medellín (1968), de Puebla (1979) e de Aparecida (2007) fizeram uma opção pelos pobres contra a pobreza e em favor da libertação.

O texto e o tom da encíclica são típicos do Papa Francisco e da cultura ecológica que acumulou. Mas me dou conta de que também muitas expressões e modos de falar remetem ao que vem sendo pensado e escrito principalmente na América Latina. Os temas "Casa Comum", "Mãe Terra", "Grito da Terra e grito dos pobres", "Cuidado", "Interdependência entre todos os seres", "Valor intrínseco de cada ser", "Pobres e vulneráveis", "Mudança de paradigma", "Ser humano como Terra" (n. 2; Gn 2,7) que sente, pensa, ama e venera, "Ecologia integral", entre outros, são recorrentes entre nós.

O ritual metodológico do ver-julgar-agir-celebrar

A estrutura da encíclica obedece ao ritual metodológico usado por nossas igrejas e pela reflexão teológica ligada à prática de libertação, agora assumida e consagrada pelo papa: *ver-julgar-agir-celebrar*.

Primeiramente, revela sua fonte de inspiração maior: São Francisco de Assis, chamado por ele de "exemplo por excelência de cuidado e de uma ecologia integral, e que mostrou uma atenção especial aos pobres e abandonados" (n. 10; 66).

O momento do ver: a deteriorização da Casa Comum

E então começa com o *ver* "*o que está acontecendo à nossa casa*" (n. 17-61). Afirma o papa: "Basta olhar a realidade com sinceridade para ver que há uma deteriorização de nossa Casa Comum" (n. 61). Nessa parte incorpora os dados mais consistentes com referência às mudanças climáticas (n. 20-22), à questão da água (n. 27-31), à erosão da biodiversidade (n. 32-42), à deteriorização da qualidade da vida humana e à degradação da vida social (n. 43-47), denuncia a alta taxa de iniquidade planetária, afetando todos os âmbitos da vida (n. 48-52), sendo que as principais vítimas são os pobres (n. 48).

Nessa parte há uma frase que nos remete à reflexão feita na América Latina: "Hoje não podemos desconhecer que uma verdadeira abordagem ecológica sempre se torna uma abordagem social que deve integrar a justiça nas discussões sobre o ambiente para escutar tanto o *grito da Terra quanto o grito dos pobres*" (n. 49). Logo a seguir acrescenta: "Gemidos da Irmã Terra se unem aos gemidos dos abandonados deste mundo" (n. 53). Isso é absolutamente coerente, pois logo no início diz que "nós somos Terra" (n. 2; cf. Gn 2,7), bem na linha do grande cantor e poeta indígena argentino Atahualpa Yupanqui: "O ser humano é Terra que caminha, que sente, que pensa e que ama".

Condena a proposta de internacionalização da Amazônia, que "apenas serviria aos interesses das multinacionais" (n. 38). Há uma afirmação de grande vigor ético: "É gravíssima iniquidade obter importantes benefícios fazendo pagar o resto da humanidade, presente e futura, os altíssimos custos da degradação ambiental" (n. 36).

Com tristeza reconhece: "Nunca temos ofendido nossa casa comum como nos últimos dois séculos" (n. 53). Diante dessa ofensiva humana contra a Mãe Terra, muitos cientistas denunciaram a inauguração de uma nova era geológica – o *antropoceno*. O papa lamenta a debilidade dos poderes deste mundo que, iludidos, "pensam que tudo pode continuar como está, "como álibi para manter seus hábitos autodestrutivos" (n. 59), com "um comportamento que parece suicida" (n. 55).

Prudente, reconhece a diversidade das opiniões (n. 60-61) e que "não há uma única via de solução" (n. 60). Mesmo assim, "é certo que o sistema mundial é insustentável sob vários pontos de vista porque deixamos de pensar os fins do agir humano" (n. 61) e nos perdemos na construção de meios destinados à acumulação ilimitada à custa da injustiça ecológica (degradação dos ecossistemas) e da injustiça social (empobrecimento das populações). A humanidade simplesmente "defraudou a esperança divina" (n. 61).

O desafio urgente, então, consiste em "proteger nossa Casa Comum" (n. 13), e para isso precisamos, citando o Papa João Paulo II: "de uma conversão ecológica global" (n. 5); "uma cultura do cuidado que impregne toda a sociedade" (n. 231).

O momento do julgar analítico: tudo está em relação

Realizada a dimensão do *ver*, impõe-se agora a dimensão do *julgar*. Esse julgar é realizado por duas vertentes: uma científica e outra teológica.

Vejamos a *científica*. A encíclica dedica todo o terceiro capítulo à análise "da raiz humana da crise ecológica" (n. 101-136). Aqui o papa se propõe a analisar a tecnociência, sem preconceitos, acolhendo o que ela trouxe de "coisas preciosas para melhorar a qualidade de vida do ser humano" (n. 103). Mas esse não é o problema. Ela se independentizou, submeteu a economia, a política e a natureza em vista da acumulação de bens materiais (cf. n. 109). Ela parte de um pressuposto equivocado, que é a "disponibilidade infinita dos bens do planeta" (n. 106), quando sabemos que já encostamos nos limites físicos da Terra e grande parte dos bens e serviços não são renováveis. A tecnociência se tornou *tecnocracia*, uma verdadeira ditadura com sua lógica férrea de domínio sobre tudo e sobre todos (n. 108).

A grande ilusão, hoje dominante, reside na crença de que com a tecnociência se podem resolver todos os problemas ecológicos. Essa é uma diligência enganosa porque "implica isolar as coisas que estão sempre conexas" (n. 111). Na verdade, "tudo é relacionado" (n. 117), "tudo está em relação" (n. 120), uma afirmação que perpassa todo o texto da encíclica como um ritornelo, pois é um conceito-chave do novo paradigma contemporâneo. O grande limite da tecnocracia está no fato de "fragmentar os saberes e perder o sentido de totalidade" (n. 110). O pior é "não reconhecer o valor intrínseco de cada ser e até negar um peculiar valor do ser humano" (n. 118).

O valor intrínseco de cada ser, por minúsculo que seja, é permanentemente enfatizado pela encíclica (n. 69), como o faz A Carta da Terra. Negando esse valor intrínseco estamos impedindo que "cada ser comunique a sua mensagem e dê glória a Deus" (n. 33).

O desvio maior produzido pela tecnocracia é o antropocentrismo moderno. Seu pressuposto ilusório é que as coisas apenas possuem valor na medida em que se ordenam ao uso humano, esquecendo que sua existência vale por si mesmo (n. 33). Se é verdade que tudo está em relação, então, "nós seres humanos somos unidos como irmãos e irmãs e nos unimos com terno afeto ao Irmão Sol, à Irmã Lua, ao Irmão Rio e à Mãe Terra" (n. 92). Como podemos pretender dominá-los e vê-los na ótica estreita da dominação por parte do ser humano?

Todas essas "virtudes ecológicas" (n. 88) são perdidas pela vontade de poder como dominação dos outros e da natureza. Vivemos uma angustiante "perda do sentido da vida e da vontade de viver juntos" (n. 110). Cita algumas vezes o teólogo ítalo-alemão Romano Guardini (1885-1968), um dos mais lidos em meados do século passado e que escreveu um livro crítico contra as pretensões da Modernidade (n. 83: *Das Ende der Neuzeit*, 1959).

O momento do julgar teológico: o Senhor, soberano, amante da vida

A outra vertente do julgar é de cunho *teológico*. A encíclica reserva um bom espaço ao "Evangelho da Criação" (n. 62-100). Parte justificando a contribuição das religiões e do cristianismo, pois, sendo a crise global, cada instância deve, com o seu capital religioso, contribuir para com o cuidado da Terra (n. 62). Não insiste nas doutrinas, mas na sabedoria presente nos vários caminhos espirituais. O cristianismo prefere falar de criação, ao invés de natureza, pois "criação tem a ver com um projeto de amor de Deus" (n. 76). Cita, mais de uma vez, um belo texto do Livro da Sabedoria (21,24) onde aparece claro que "a criação é da ordem do amor" (n. 77) e que Deus emerge como "o Senhor soberano amante da vida" (Sb 11,26).

O texto se abre para uma visão evolucionista do universo, sem usar a palavra, mas fazendo um circunlóquio, referindo-se ao universo "composto por sistemas abertos que entram em comunhão uns com os outros" (n. 79). Utiliza os principais textos que ligam Cristo encarnado e ressuscitado com o mundo e com todo o universo, tornando sagrada a matéria e toda a Terra (n. 83). É nesse contexto que cita Pierre Teilhard de Chardin (1881-1955, n. 83, nota 53) como precursor dessa visão cósmica.

O fato de o Deus-Trindade ser relação de divinas pessoas tem como consequência que todas as coisas em relação sejam ressonâncias da Trindade Divina (n. 240).

Citando o patriarca ecumênico Bartolomeu, da Igreja Ortodoxa, "reconhece que os pecados contra a criação são pecados contra Deus" (n. 7). Daí a urgência de uma conversão ecológica coletiva que refaça a harmonia perdida.

A encíclica conclui essa parte, acertadamente: "A análise mostrou a necessidade de uma mudança de rumo [...] devemos sair da espiral de autodestruição em que nos estamos afundando" (n. 163). Não se trata de uma reforma, mas, citando *A Carta da Terra*, de buscar "um novo começo" (n. 207). A interdependência de todos com todos nos leva a pensar "num só mundo com um projeto comum" (n. 164).

Já que a realidade apresenta múltiplos aspectos, todos intimamente relacionados, o Papa Francisco propõe uma "ecologia integral" que vai além da costumeira "ecologia ambiental" (n. 137). Ela recobre todos os campos: o ambiental, o econômico, o social, o cultural, o espiritual e também a vida cotidiana (n. 147-148). Nunca esquece os pobres que testemunham também sua forma de ecologia humana e social, vivendo laços de pertença e de solidariedade de uns para com os outros (n. 149).

O momento do agir: a conversão ecológica e novo estilo de vida

O terceiro passo metodológico é o *agir*. Nessa parte, a encíclica se atém aos grandes temas da política internacional, nacional e local (n. 164-181). Sublinha a interdependência do social e do educacional com o ecológico e constata lamentavelmente os constrangimentos que o predomínio da tecnocracia traz, dificultando mudanças que refreiam a voracidade da acumulação e do consumo e que podem inaugurar o novo

(n. 141). Retoma o tema da economia e da política, que devem servir ao bem comum e criar as condições de uma plenitude humana possível (n. 189-198). Volta a insistir no diálogo entre a ciência e a religião, como vem sendo sugerido pelo grande biólogo Edward O. Wilson (cf. *A criação – Como salvar a vida na Terra*. São Paulo: Companhia das Letras, 2008). Todas as religiões "devem buscar o cuidado da natureza e a defesa dos pobres" (n. 201).

Ainda no aspecto do *agir* desafia a educação no sentido de criar a "cidadania ecológica" (n. 211) e um novo estilo de vida, assentado sobre o cuidado, a compaixão, a sobriedade compartida, a aliança entre humanidade e o ambiente, pois ambos estão umbilicalmente ligados, e a corresponsabilidade por tudo o que existe e vive pelo nosso destino comum (n. 203-208).

O momento do celebrar: na espiritualidade ecológica o menos é mais

Por fim, o momento do *celebrar*. A celebração se realiza num contexto de "conversão ecológica" (n. 216) que implica uma "espiritualidade ecológica" (n. 216). Esta se deriva não tanto das doutrinas teológicas, mas das motivações que a fé suscita para cuidar da Casa Comum e "alimentar uma paixão pelo cuidado do mundo" (n. 216). Tal vivência é, antes, uma mística que mobiliza as pessoas a viverem o equilíbrio ecológico, "aquele interior consigo mesmo, aquele solidário com os outros, aquele natural com todos os seres vivos e aquele espiritual com Deus" (n. 210). Aí aparece como verdadeiro que "o menos é mais" (n. 222) e que podemos ser felizes com pouco.

No sentido de celebração, "o mundo é mais do que uma coisa a se resolver, é um mistério grandioso para ser contemplado na alegria e no louvor" (n. 12).

Um *gran finale*: caminhemos cantando

O espírito terno e fraterno de São Francisco de Assis perpassa todo o texto da Encíclica *Laudato Si'*. A situação atual não significa uma tragédia anunciada, mas um desafio para cuidarmos da casa comum e uns dos outros. Há no texto leveza, poesia e alegria no Espírito e inabalável esperança de que se grande é a ameaça, maior ainda é a oportunidade de solução de nossos problemas ecológicos.

Termina poeticamente com as palavras "Para além do sol", dizendo: "caminhemos cantando. Que nossas lutas e nossas preocupações por este planeta não nos tirem a alegria da esperança" (n. 244).

Apraz-me terminar com as palavras finais de *A Carta da Terra* que o próprio papa cita (n. 207): "Que o nosso tempo seja lembrado pelo despertar de uma nova reverência face à vida, pelo compromisso firme de alcançar a sustentabilidade e pela intensificação no compromisso pela justiça, pela paz e pela alegre celebração da vida".

QUARTA PARTE

Ver com os olhos do coração

1
A perda do sentido das coisas

Estão sendo organizados diferentes encontros – especialmente com a presença de professores, psicanalistas, cientistas sociais e religiosos – para discutir sobre a perda do sentido das coisas. Percebe-se que certo niilismo pervade vastos estratos da sociedade, que pensam e também dizem: "A vida perdeu a graça"; "Há tantas desgraças neste mundo, que já não vale mais a pena viver". A ideia da morte e do suicídio rondam muitas mentes tomadas pelo pessimismo existencial.

É nesse transfundo que importa abordar possíveis fontes de sentido. Entre elas, especificamente, está a espiritualidade.

Já foi dito, com verdade, que o ser humano é devorado por duas fomes: de pão e de espiritualidade. A fome de pão é saciável. A fome de espiritualidade, no entanto, é insaciável. É feita de valores intangíveis e não materiais como a comunhão, a solidariedade, o amor, a compaixão, a abertura a tudo o que é digno e sagrado, o diálogo e a prece ao Criador.

Esses valores, secretamente ansiados, não conhecem limites em seu crescimento. Há um apelo infinito que lateja dentro de nós, pois somente um infinito real pode nos fazer repousar. A excessiva centralização na acumulação e no desfrute de bens materiais acaba por produzir saciedade, anemia da existência, grande vazio e decepção. Foi o que concluíram analistas da Universidade Lausane, que estudaram a crise das pessoas na sociedade francesa dos últimos anos, tomada pelo estilo americano de trabalho intensivo e busca incansável de eficiência, deixando muitos estressados e sem vontade de viver.

Porém, importa reconhecer que existe em nós algo que resiste, protesta e grita por relações sociais menos liquefeitas e expostas ao desamparo existencial, e que exigem um nível aceitável de humanização.

É nessa dimensão que se coloca a questão do sentido da vida. É uma necessidade humana encontrar um sentido coerente das coisas. O enfraquecimento dos valores e das convicções, a vida sem paixão, a desfinalização da vida e o absurdo produzem angústia e sentimento de estar só e desenraizado.

Ora, a sociedade industrialista e consumista, montada sobre a razão funcional, colocou no centro o indivíduo e seus interesses particulares, voltados para a acumulação, ao consumo e ao desfrute. Com isso, fragmentou a realidade, dissolveu qualquer cânon social, carnavalizou as coisas mais sagradas e ironizou ancestrais convicções, chamadas de "grandes narrativas", consideradas metafísicas essencialistas, próprias de sociedades de outro tempo.

Agora funciona o *anything goes*, o vale-tudo dos vários tipos de racionalidade, de posturas e de leituras da realidade. Criou-se um relativismo corrosivo. Este afirma que nada conta definitivamente, e por isso não vale a pena comprometer-se com causas que nos cobram sacrifícios e uma entrega generosa.

Isso expressa o niilismo alcançado por nossa cultura que, segundo Heidegger, está latente na história do Ocidente a partir do momento que esqueceu o Ser em favor unicamente do ente. Nós diríamos mais diretamente: ao negar uma relação com a Transcendência, com Deus e ater-se somente ao domínio das coisas, analisadas unicamente pela razão calculatória, como se essa pudesse dar conta de todos os problemas da condição humana, relegando outros exercícios da razão.

A isso se chamou Pós-modernidade que, para mim, representa a fase mais avançada e decadente da burguesia rica mundial. Não satisfeita em destruir o presente, quer destruir também o futuro. Ela se caracteriza pelo completo descompromisso de transformação e pelo professado desinteresse por uma humanidade melhor.

Tal postura se traduz por uma ausência declarada de solidariedade para com o destino trágico de milhões que lutam por terem uma vida minimamente digna, de poderem morar melhor do que os animais, de terem acesso aos bens culturais que lhes enriqueçam a visão do mundo. Nenhuma cultura sobrevive sem uma narrativa coletiva que confira dignidade, coesão, ânimo e sentido à caminhada coletiva de um povo. A Pós-modernidade nega irracionalmente esse dado originário.

No entanto, por todas as partes do mundo, as pessoas estão elaborando significados para suas vidas e padecimentos, buscando estrelas-guias que lhes deem um norte e lhes abram um porvir esperançador. Podemos viver sem fé, mas não sem esperança. Sem ela se está a um passo da violência, da banalização da morte e, no limite, do suicídio.

Ora, as instâncias que historicamente representavam a construção permanente do sentido entraram em erosão. Ninguém, nem o papa, nem sua santidade o Dalai-Lama podem dizer seguramente o que é bom ou mau para esta quadra planetária da história humana.

As filosofias e outros caminhos espirituais respondiam por essa demanda fundamental do humano. Mas elas, em grande parte, se fossilizaram e perderam o impulso criador. Sofisticam-se cada vez mais sobre o já conhecido, sempre de novo repensado e redito, mas desfibradas de coragem para projetar novas visões, sonhos promissores e utopias mobilizadoras.

Vivemos um "mal-estar na civilização" (Freud), semelhante àquele do ocaso do Império Romano, descrito por Santo Agostinho em *A Cidade de Deus*. Nossos "deuses", como os deles, já não são mais críveis. Os novos "deuses" que estão despontando não são vigorosos o bastante para serem reconhecidos, venerados e lentamente ganharem os altares.

Essas crises só serão superadas quando se fizer uma nova experiência do Ser essencial de onde se deriva uma espiritualidade viva. Vejamos alguns lugares onde os "novos deuses" se anunciam e uma nova percepção do Ser aparece.

Por mais críticas que lhes devamos fazer em seu aspecto econômico e político, a *globalização* é, antes de tudo, um fenômeno antropológico: a humanidade se descobre uma espécie, habitando uma única Casa Comum, a Terra, com um destino comum. Tal fenômeno vai exigir uma governança global para gestionar os problemas coletivos. É algo novo.

Os Fóruns Sociais Mundiais, que a partir do ano de 2000 começaram a se realizar a partir de Porto Alegre, revelam uma particularíssima irrupção de sentido. Pela primeira vez na história moderna os pobres do mundo inteiro, fazendo contraponto às reuniões dos ricos na cidade suíça de Davos, conseguiram acumular tanta força e capacidade de articulação, que acabaram aos milhares se encontrando primeiramente em Porto Alegre, depois em outras cidades do mundo, para apresentar suas experiências de resistência e de libertação, para trocar experiências de como criam microalternativas ao sistema de dominação imperante, como alimentam um sonho coletivo para gritar: Um outro mundo é possível, um outro mundo é necessário. É algo novo.

Nas várias edições dos Fóruns Sociais Mundiais, em níveis regional e internacional, notam-se os brotos do novo paradigma da humanidade, capaz de organizar de forma diferente a produção, o consumo, a preservação da natureza e a inclusão de toda a humanidade num projeto coletivo que garanta um futuro de vida e de esperança para todos. Daí a sua importância: da profundeza do desamparo humano está emergindo uma fumaça que remete a um fogo interior do lixo ao qual foram condenadas as grandes maiorias da humanidade. Esse fogo é inapagável. Ele se transformará numa brasa e num clarão a iluminar um novo sentido para humanidade. É a esperança que não quer nem aceita ser defraudada.

2
Motores da "nave espacial Terra"

A humanidade conheceu muitas crises e ilimitadas travessias. É verdade que nenhuma delas envolvia todas as sociedades, como em nosso caso, mas atravessou todas sem sucumbir. Ao contrário, saiu delas com novas possibilidades de realização pessoal e coletiva. Por isso, face à dramaticidade dos tempos atuais, ainda alimentamos esperança. Estamos apenas em dores de parto, e não em espasmos de aborto. Vamos reflorescer e irradiar, pois esse é o destino do ser humano no tempo e na eternidade.

Entretanto, hoje ninguém tem condições de desenhar o perfil da sociedade-mundo nascente. Seria ilusório apresentar um projeto ou um programa. O que importa é discernir aqueles princípios que podem funcionar como propulsores da "nave espacial Terra".

Elencamos quatro princípios, há séculos enviados ao exílio, agora regressando lentamente: a Terra, o cuidado, o feminino e a espiritualidade. A geossociedade se funda neles.

A *Terra* está sendo vista não mais como um baú de recursos ilimitados, mas como Gaia, um superorganismo vivo, que enlaça em redes de interdependências todos os seres. Nós, humanos, somos aquela porção da Terra que sente e ama, cuida e venera. Essa percepção nos leva a ter sentimentos de pertença, de cooperação e de respeito, sem os quais o novo não irrompe. Terra e humanidade têm origem e destino comuns.

O *cuidado* é da essência de todo tipo de vida e do ser humano. Ele constitui a condição prévia que possibilita a emergência de qualquer ser. Se todos os elementos não se articularem com sutilíssimo cuidado, o universo e a própria vida seriam impossíveis. Ele é também o orientador antecipado de todas as nossas ações. Se não as fazemos com cuidado elas podem ser danosas; com cuidado elas se saem bem e se mostram benéficas. Por milênios vivemos sob a ditadura do trabalho. Sem o cuidado necessário, o trabalho devastou os bens e serviços naturais e danificou o Planeta Terra. O cuidado, que é uma relação amorosa e não agressiva, suave e harmoniosa para com as coisas, salvará ainda a vida e a Terra.

O *feminino* no homem e na mulher é um princípio que origina em nós a percepção da totalidade; permite-nos ver que as coisas também são símbolos e sempre acenam para alguma mensagem a ser decifrada; faz-nos cultivar o espaço do mistério; inclina-nos ao enternecimento e ao cuidado; torna-nos mais cooperadores do que competitivos. A cultura atual, desde o neolítico, há cerca de 8-10 mil anos, foi regida pela dimensão do *animus*, vale dizer, do masculino, da razão, do uso da força e da conquista do mundo; os homens expressam mais densamente o *animus,* mas não de forma exclusiva, pois ele também está presente nas mulheres. Mas o *animus* marginalizou a dimensão da *anima*, da qual as mulheres são as representantes mais visíveis, embora não exclusivas. Hoje, para o equilíbrio dos gêneros e para cuidar melhor da vida e da Terra, importa resgatar a *anima* (feminino), pois ela intuitivamente confere centralidade à vida e estabelece uma relação não utilitarista, mas gratuita e afetuosa, para com a realidade envolvente.

Por fim, *a espiritualidade*. Ela não é monopólio das religiões, mas uma dimensão do humano. É nossa capacidade de dialogar com o Eu profundo e de ouvir os apelos do coração. É a consciência que se sente inserida num Todo maior e que capta o elo secreto que tudo liga e re-liga à Fonte primeva de todo ser, chamada pelas religiões de Deus. Com Ele entretém diálogo de intimidade e de amor. A espiritualidade não consiste em pensar Deus, mas em sentir Deus a partir do coração e da inteligência cordial e emocional. Ela forma aquela aura que sustenta os valores de solidariedade, com-paixão, cuidado e amor, fundamentais para uma sociabilidade verdadeiramente humana. Como a moderna neurociência deixou claro, ela possui uma base biológica: o chamado "ponto Deus" no cérebro, uma espécie de órgão interno que se ativa fortemente sempre que se abordam temas que têm a ver com um sentido profundo das coisas, com o sagrado e com Deus.

De volta do exílio, esses princípios perpassam os movimentos sociais e inauguram um novo estado de consciência, mais respeitoso para com a Terra, com mais cuidado pela vida, valorizando a razão cordial e a inteligência emocional e também criando espaço para a espiritualidade, fonte de contemplação, gratuidade e veneração.

O embrião da geossociedade pode ser vislumbrado nas várias sessões do Fórum Social Mundial. Aí se manifesta a nova consciência planetária, e com isso pode começar, verdadeiramente, o novo milênio, a geossociedade mundial, tornando real o verso utópico de Fernando Pessoa: "quero poder imaginar a vida como ela nunca foi".

3
Nossos filhos e netos nos amaldiçoarão?

Há uma contradição que afeta todos os países do mundo e que, persistindo, pode nos levar a um generalizado desastre civilizatório. A contradição reside nisso: todos os países precisam crescer anualmente. Crescimento é fundamentalmente econômico, produção de bens materiais que se expressa pelo Produto Interno Bruto (PIB). Esse crescimento cobra uma alta taxa de iniquidade social (desemprego e compressão dos salários) e uma perversa devastação ambiental (exaustão dos ecossistemas).

Há bastante tempo o equilíbrio entre crescimento e preservação da natureza foi quebrado em favor do crescimento. O consumo já supera em 40% a capacidade de reposição dos bens e serviços do planeta.

Segundo o Pnud, se quiséssemos universalizar o bem-estar dos países industrializados, precisaríamos dispor de outros três planetas como a Terra, o que é um absurdo. Sabemos que a Terra é um sistema vivo autorregulador no qual o físico, o químico, o biológico e o humano se entrelaçam (Teoria de Gaia). Mas ela está falhando em sua autorregulação. Daí as mudanças climáticas e o aquecimento global nos atestam que já estamos profundamente dentro da crise.

A Terra poderá buscar um equilíbrio novo subindo sua temperatura entre 1,4 e 5,8 ºC. Começaria então a era das grandes devastações com a subida do nível dos oceanos, afetando mais da metade da humanidade, que vive em suas costas; milhares de organismos vivos não teriam tempo suficiente para se adaptar e morreriam. Grande parte da própria humanidade – de até 80%, segundo uns – não poderia mais subsistir.

Com acerto afirmava Washington Novaes, um dos estudiosos que, no Brasil, melhor acompanha as questões ecológicas: "Agora não se trata mais de cuidar do meio ambiente, mas de não ultrapassar os limites que poderão pôr em risco a vida". Muitos cientistas sustentam que nos acercamos já do ponto de não mais retorno. Podemos diminuir a velocidade do processo, mas não sustá-la.

Essa questão deveria preocupar os governos, em especial os da periferia das grandes nações superdesenvolvidas, que propõem o crescimento material como meta central. Em seus discursos oficiais, os chefes de Estado quase nunca abordam os limites do planeta e os constrangimentos que isso pode trazer para a nossa civilização. Não queremos que nossos filhos e netos amaldiçoem a nossa geração, que sabia das ameaças e nada ou pouco fez para escapar da tragédia anunciada.

O erro de todos foi seguir ao pé da letra o conselho de Lord Keynes para sair da grande depressão dos anos de 1930:

> Durante pelo menos cem anos devemos simular diante de nós mesmos e diante de cada um que o belo é sujo e o sujo é belo porque o sujo é útil e o belo não o é. A avareza, a usura, a desconfiança devem ser nossos "deuses" porque são eles que nos poderão guiar para fora do túnel da necessidade econômica rumo à clari-

dade do dia [...]. Depois virá o retorno a alguns dos princípios mais seguros e certos da religião e da virtude tradicional: que a avareza é um vício, que a exação da usura é um crime e que o amor ao dinheiro é detestável (*Economic Possibilities of our Grand-Children*).

Só que esse retorno não está acontecendo; antes, distanciou-se, e, após a crise econômico-financeira de 2008 que afetou especialmente o coração dos países centrais, agravou-se ao patamar planetário.

Pelo fato de termos escolhido meios maus para fins bons chegamos ao ponto em que estamos. Ou redefinimos fins mais altos do que simplesmente produzir, devastando a natureza e consumir ilimitadamente, ou então devemos aceitar um destino trágico que afetará a biosfera, e assim toda a diversidade de vida. E não poupará grande parte da população humana.

Remendos não são remédios. Praticamente nos restringimos aos remendos na ilusão de que resolvemos a urgência das questões de vida ou morte que nos afetam.

4
Chegou o dia do juízo sobre a nossa cultura?

É imperativo que de tempos em tempos façamos um balanço de nossa situação humana neste planeta. A pergunta sempre suscitada é: O que podemos esperar e que rumo tomará a história? É uma questão preocupante, pois os cenários globais se apresentam sombrios.

Estourou em 2008 uma crise de magnitude estrutural no coração do sistema econômico-social dominante (Europa e Estados Unidos), com reflexos sobre o resto do mundo. A Bíblia tem uma categoria recorrente na tradição profética: o dia do juízo se avizinha. É o dia da revelação: a verdade vem à tona e nossos erros e pecados são denunciados como inimigos da vida.

Grandes historiadores como Toynbee, Von Ranke e Eric Hobsbawm também falam do juízo sobre culturas inteiras. Estimo que, de fato, estamos diante de um juízo global sobre nossa forma de viver na Terra e sobre o tipo de relação para com ela.

Considerando a situação em nível mais profundo – que vai além das análises econômicas predominantes nos governos, nas empresas, nos foros mundiais e nos meios de comunicação –, notamos, com crescente clareza, a contradição existente entre a lógica de nossa cultura moderna – com sua economia política, seu individualismo e consumismo – e a lógica dos processos naturais de nosso planeta vivo, a Terra.

Elas são incompatíveis. A primeira dá centralidade à economia dos bens materiais; a segunda, à economia dos bens comuns da Terra e da humanidade. A primeira é competitiva; a segunda, cooperativa. A primeira é excludente; a segunda, includente. A primeira coloca o valor principal no indivíduo; a segunda, no bem de todos. A primeira põe o foco na mercadoria; a segunda, na vida em todas as suas formas.

A consequência mais perversa desse desequilíbrio produziu o que Karl Polanayi chamou de "A grande transformação" (1944). De uma *economia* de mercado passamos a uma *sociedade* de mercado. Essa transformação mostra inequivocamente a incompatibilidade entre esse tipo de sociedade e de economia com a vida e sua lógica interdependente, cooperativa e inclusiva.

O que agrava essa incompatibilidade são as premissas subjacentes ao nosso processo social: que podemos crescer ilimitadamente, que os bens naturais são inesgotáveis e que a prosperidade material e individual nos trarão a tão ansiada felicidade. Tais premissas são ilusórias: os recursos são limitados e uma Terra finita não aguenta um projeto infinito. A prosperidade e o individualismo não estão trazendo felicidade, mas altos níveis de solidão, depressão, violência e suicídio.

A cultura do capital nos ocupa de tal forma, que não nos deixa tempo de vida para simplesmente viver, conviver, inserir-se na natureza e alimentar um sentimento de unidade de nossa espécie.

Há dois problemas que se entrelaçam e que podem turvar nosso futuro: o aquecimento global e a superpopulação humana.

O *aquecimento global* é um código que engloba os impactos que nossa civilização produz na natureza, ameaçando a sustentabilidade da vida e da Terra. A consequência é a emissão de bilhões de toneladas/ano de dióxido de carbono e de metano, 23 vezes mais agressivo do que o primeiro. Na medida em que se acelera o degelo do solo congelado da tundra siberiana (*permafrost*), há o risco, nos próximos decênios, de um aquecimento abrupto de 4-5ºC, devastando grande parte da vida sobre a Terra.

O problema do *crescimento da população humana* faz com que se explorem mais bens e serviços naturais, gaste-se mais energia e se lancem na atmosfera mais gases produtores do aquecimento global.

As estratégias para controlar essa situação ameaçadora são praticamente ignoradas pelos governos e pelos tomadores de decisões. Nosso individualismo arraigado tem impedido que nos encontros da ONU sobre o aquecimento global se tenha chegado a algum consenso mínimo. Cada país vê apenas seu interesse, sendo cego ao interesse coletivo e ao planeta como um todo. E assim vamos nos acercando de um abismo.

Mas a mãe de todas as distorções referidas é nosso antropocentrismo, a convicção de que nós, seres humanos, somos o centro de tudo e que as coisas foram feitas só para nós, esquecidos de nossa completa dependência do que está à nossa volta. Aqui radica nossa destrutividade, que nos leva a devastar a natureza para satisfazer nossos desejos, que têm proporções infinitas e insaciáveis.

Faz-se urgente um pouco de humildade e nos vermos em perspectiva. O universo possui 13,7 bilhões de anos; a Terra, 4,45 bilhões; a vida, 3,8 bilhões; a vida humana, 5-7 milhões; e o *homo sapiens*, cerca de 130-140 mil anos. Portanto, nascemos apenas há alguns minutos, fruto de toda a história anterior. E de *sapiens* estamos nos tornando *demens*, ameaçadores de nossos companheiros na comunidade de vida, inaugurando, como afirmam muitos cientistas, uma nova era geológica, a do *antropoceno*, pelo qual o ser humano se faz o grande meteoro rasante que ameaça a vida na Terra.

O que podemos dizer é que chegamos ao ápice do processo da evolução não para destruir, mas para guardar e cuidar desse legado sagrado que é a Mãe Terra.

Então, só o dia do juízo será a revelação de nossa verdade e missão aqui na Terra e de como a temos cumprido.

5
Mística e religião: como se relacionam?

Todas as coisas têm seu outro lado. Captar o outro lado das coisas e dar-se conta de que o visível é parte do invisível: eis a obra da mística.

O que é mística? Ela deriva de mistério, que não é o *limite*, mas o *ilimitado* do conhecimento. Conhecer mais e mais, entrar em comunhão cada vez mais profunda com a realidade que nos envolve, ir para além de qualquer horizonte é fazer a experiência do mistério. Tudo é mistério: as coisas, cada pessoa, seu coração e todo o universo.

O mistério não se apresenta aterrador, como um abismo sem fundo. Ele irrompe como um som que nos convida a escutar mais e mais a mensagem que vem de todos os lados, como apelo sedutor que nos move mais e mais na direção do coração de cada coisa. Ele causa admiração, surpresa, encantamento, fascínio e exaltação. Poucos o elogiaram como Albert Einstein, que repetia: "O homem que não tem os olhos abertos ao mistério passará pela vida sem ver nada".

O que há de mais misterioso do que a pessoa amada? O que de mais profundo do que o olhar inocente de um recém-nascido? O que mais majestático do que o céu estrelado nas noites escuras de inverno ou do cerrado do Brasil Central?

Mística significa, então, a capacidade de se comover diante do mistério da existência de todas as coisas. Não há razão alguma para que existam as coisas; contudo, elas estão aí em sua plena gratuidade. Extasiar-se com essa realidade e sentir-se parte dela é vivenciar uma experiência mística.

Como se depreende, a mística não tem nada de extraordinário; ela traduz a cotidianidade da mente desperta.

Mas a mística revela a profundidade de sua significação quando captamos o elo misterioso que une e re-úne, liga e re-liga todas as coisas, fazendo que sejam um Todo ordenado e dinâmico. É a Fonte Originária da qual tudo promana e que os cosmólogos chamam com o infeliz nome de "vácuo quântico". De vácuo não possui nada porque representa a plenitude de todas as possibilidades e virtualidades de ser.

As religiões ousaram chamar de Deus a essa realidade fontal. Não importam os mil nomes: Javé, Pai, Tao, Olorum. O que importa é sentir sua atuação e celebrar sua presença.

Mística não é, portanto, pensar *sobre* Deus, mas *sentir* Deus em todo o ser. Mística não é falar *sobre* Deus, mas falar *a* Deus e entrar em comunhão com Ele. Quando rezamos, falamos com Deus. Quando meditamos, Deus fala conosco. Viver essa dimensão no dia a dia é cultivar a mística.

Ao traduzirmos essa experiência nada excepcional, elaboramos doutrinas, inventamos ritos, prescrevemos atitudes éticas. Então nascem as muitas religiões. Atrás delas e nos seus fundamentos sempre há a mesma experiência mística, o ponto comum de todas as religiões. Todas elas se referem a esse mistério inefável que não pode ser expresso adequadamente por nenhuma palavra que esteja nos dicionários humanos.

Cada religião possui sua identidade e o seu jeito próprio de dizer e celebrar a experiência mística. Mas como Deus não cabe em nenhuma cabeça, pois desborda de todas elas, sempre podemos acrescentar algo, a fim de melhor captá-lo e traduzi-lo para a comunicação humana. Por isso, as religiões não podem ser dogmáticas e sistemas fechados. Quando isso ocorre surge o fundamentalismo, doença frequente das religiões; seja no cristianismo, seja no islamismo.

A mística nos permite viver o que escreveu o poeta inglês William Blake († 1827): "Ver um mundo num grão de areia, um céu estrelado numa flor silvestre, ter o infinito na palma de sua mão e a eternidade numa hora".

Eis a glória: mergulhar naquela Energia benfazeja que nos enche de sentido e alegria de existir.

6

Crer, apesar dos cataclismos e das maldades humanas

Os massacres absurdos a inocentes que vez por outra assistimos pelos meios de comunicação, nas guerras e atentados terroristas, suscitam a questão do sentido da vida e da história. Essa questão não pode ser banida de nossa consciência, por mais que fiquemos perplexos diante da crueldade e procuremos varrê-la de nossa memória.

Ela pertence à metafísica do cotidiano, como reconheceu Kant em seu *Prolegômenos a toda metafísica futura*: "Que o espírito humano abandone definitivamente as questões metafísicas (do sentido derradeiro das coisas, esclarecimento meu) é tão inverossímil quanto esperar que nós, para não inspirarmos ar poluído, deixássemos, uma vez por todas, de respirar".

Não são poucos os pensadores que, confrontados com os absurdos da realidade, afirmam o sem-sentido da história. Jacques Monod, em seu conhecido *O acaso e a necessidade*, diz taxativamente: "É supérfluo buscar um sentido objetivo da existência. Ele simplesmente não existe. O homem é produto do mais cego e absoluto acaso que se possa imaginar. Os deuses estão mortos e o homem está só no mundo".

Claude Lévi-Strauss, tão ligado ao Brasil, escreveu em seu admirável *Tristes trópicos* estas desencorajantes palavras: "O mundo começou sem o homem e terminará sem ele. As instituições e os costumes que eu passei a vida inteira a inventariar e a compreender são uma eflorescência passageira em relação à qual elas não têm sentido, senão talvez aquele que permite à humanidade desempenhar seu papel".

Há muito de verdade nestas afirmações porque os absurdos são inegáveis. Mas será toda a verdade? Não se anunciam também sinais intrigantes que nos falam de um sentido latente nas coisas? Por mais que venhamos do caos originário do *big-bang*, não podemos negar que na evolução se manifestou uma linha ascendente que nos levou da cosmogênese, à biogênese, à antropogênese e hoje à noogênese. Dificilmente se pode negar que há nesse caso um sentido manifesto a ser entendido e interpretado.

Vamos ao cotidiano. A cada manhã nos levantamos, vamos ao trabalho, lutamos pela família e ansiamos por um mundo onde seja menos difícil amar. Até há situações em que chegamos a dar vida para salvar outras vidas, como o fez a religiosa Dorothea Stang, defendendo camponeses da Floresta Amazônica, ou a Madre Teresa de Calcutá, fazendo com que moribundos das ruas pudessem morrer dentro de uma casa humana.

O que se esconde atrás desses gestos cotidianos e nos outros cheios de compaixão? Esconde-se a confiança fundamental na bondade da vida. Ela vale a pena ser vivida. A vida é sagrada e ela merece morrer com dignidade.

O conhecido sociólogo austríaco-norte-americano Peter Berger escreveu em seu livro *Um rumor de anjos – A sociedade moderna e a redescoberta do sobrenatural*, que o ser humano tem uma tendência inata para a ordem. Ele só vive e sobrevive se conseguir organizar um arranjo existencial que lhe faça sentido. Essa tendência à ordem é mostrada em cenas bem familiares como a da mãe que acalenta o filhinho. No meio da noite ele acorda sobressaltado, gritando por sua mãe porque o estrondo das bombas lhe suscitaram terríveis pesadelos. A mãe se levanta, toma-o ao colo e no gesto primordial da *magna mater* lhe sussurra palavras doces: "Não tenhas medo, meu filhinho. Isso irá acabar e tudo ficará em ordem".

A criança soluça, reconquista a confiança e, em pouco tempo, adormece. Nem tudo está bem e em ordem. Mas sentimos que a mãe não está enganando o filhinho. No fundo ela testemunha: mesmo na desordem ou na ordem visível há uma ordem subjacente que a tudo preside, como o viu o discípulo preferido de Albert Einstein, o físico David Bohm.

Ter confiança na bondade fundamental da vida e poder dizer-lhe *Sim* e *Amém* é o sentido primordial da fé que não nos deixa desesperar diante do horror e dos absurdos existenciais.

7
A fé como aposta: uma chance para todos

Blaise Pascal (1623-1662) foi um dos grandes gênios do Ocidente como matemático, físico e filósofo. Em pleno debate com a razão moderna nascente, depois de uma profunda experiência espiritual, escreveu *Apologia da religião cristã*. Ela deveria responder às objeções da época de forma cabal e irrefutável. Não conseguiu seu intento, pois, muito doente, morreu com apenas com 39 anos de idade, em Paris. Deixou somente anotações e pensamentos dispersos que vêm sob o título *Pensées* (Pensamentos), apreciados até os dias de hoje.

Depois de tentar todo tipo de argumento em favor da fé, deu-se conta, de forma honrada, de que nenhum deles era cabalmente convincente. Foi então que forjou o famoso argumento da "aposta", válido até os dias atuais.

No § 233 de seus *Pensées*, Pascal colocou a seguinte questão: "*Dieu est, ou il n'est pas*" ("Deus existe ou não existe"). Sustenta que a razão pode aduzir tanto argumentos a favor quanto contra a existência de Deus. Destarte, não consegue elaborar uma resposta convincente. Como sair desse impasse? É aí que Pascal afirma: "*Il faut parier*" ("É necessário apostar"). Você não tem escapatória porque, uma vez que suscitou a questão, encontra-se "embarcado nela", diz ele. A razão não sai humilhada pelo fato de ter que apostar. A aposta apresenta a seguinte vantagem: "Ou você tem tudo a ganhar ou você não tem nada a perder". Portanto, a aposta é racional.

Se você afirmar "Deus existe" e Ele de fato existe, você tem tudo a ganhar, a vida e a eternidade. Se você afirmar "Deus não existe" e Ele de fato não existe, você não tem nada a perder: o sentido da vida e eternidade eram meros devaneios. Então é racional, aconselhável e justo que você afirme "Deus existe", e assim você tem tudo a ganhar.

Qual é a atualidade da "aposta pascaliana" para os dias atuais? Culturalmente a questão não é mais posta em termos de "se Deus existe ou não", mas em termos nestes termos: Que futuro tem o Planeta Terra e a vida se levarmos a sério os alarmes dados recentemente por cientistas renomados? Há galáxias que engolem outras galáxias. Que sentido tem o universo que, pela lei da entropia, irrefragavelmente caminha para a morte térmica? Tem sentido a vida humana depois da experiência da *Shoah*, quer dizer, dos campos de extermínio nazista e do tsunami do sudoeste da Ásia? Tem sentido o destino das grandes maiorias submetidas à fome, a todo tipo de exploração, com crianças estupradas e mulheres submetidas à escravidão sexual?

Também somos desafiados a apostar. Apostamos que, apesar de todas as contradições, trabalha um sentido secreto no universo. Ele um dia vai se manifestar e será a suprema felicidade da criação, e assim ganhamos tudo. A luz tem mais direito do que as trevas. Ou então tudo não passa de absurdo, a felicidade é ilusória; acabaremos todos no pó cósmico e, assim, não perderemos nada quando deixamos de acreditar.

Vale então apostar, em atitude de confiança e de entrega radical (é o sentido bíblico de fé), de que o mundo é resgatável e que o ser humano é salvável. Enquanto a Terra produzir tudo o que produz, nos oferecer a beleza gratuita das flores, o encantamento do céu estrelado e a alegria do nascimento de uma criança e ainda conseguirmos vivenciar a irmandade universal até com as formigas do caminho, vale a pena apostar que a fé tem mais direito do que a não fé.

Apostando em tudo isso teremos tudo a ganhar aqui e na eternidade.

8
Espiritualidade e cuidado na educação

Geralmente o processo educativo da sociedade, com suas instituições como a rede de escolas e de universidades, está sempre atrasado em relação às mudanças que acontecem. Não antecipa eventuais processos e custa-lhe fazer as mudanças necessárias para estar à altura delas.

Entre outras, duas são as grandes mudanças que estão ocorrendo na Terra: a introdução da comunicação global via internet e redes sociais e a grande crise ecológica que põe em risco o sistema-vida e o sistema-Terra. Podemos eventualmente desaparecer da face da Terra. Para impedir esse apocalipse a educação deve ser outra, diversa daquela que dominou até agora.

Não basta o conhecimento; precisamos de consciência: uma nova mente e um novo coração. Precisamos também de uma nova prática. Urge nos reinventar como humanos, no sentido de inaugurar uma nova forma de habitar o planeta com outro tipo de civilização. Como dizia muito bem Hannah Arendt: "Podemos nos informar a vida inteira sem nunca nos educar". Hoje temos que nos reeducar.

Todo processo educativo preenche as seguintes tarefas imprescindíveis: aprender a conhecer; aprender a pensar; aprender a fazer; aprender a ser; aprender a conviver. Dada a nova situação da Terra e da humanidade, importa acrescentar ainda duas dimensões imprescindíveis: *aprender a cuidar* e *aprender a se espiritualizar*.

Para cumprir eficazmente essa nova missão faz-se mister, previamente, resgatar a inteligência cordial, sensível ou emocional. Sem ela, falar do cuidado e da espiritualidade faz pouco sentido.

A causa reside no fato de que todo sistema moderno de ensino se funda na razão intelectual, instrumental e analítica. Ela é uma forma de conhecer e de dominar a realidade, fazendo-a mero objeto. Sob o pretexto de que a razão sensível impediria a objetividade do conhecimento, foi recalcada. Com isso surgiu uma visão fria do mundo. Ocorreu uma espécie de lobotomia, que nos impede sentir parte da natureza e de perceber a dor dos outros.

Sabemos que a razão intelectual é recente; possui cerca de 100 mil anos, quando surgiu o *homo sapiens* com seu cérebro neocortical. Mas, antes dele, surgiu, há cerca de 200 milhões de anos, o cérebro límbico, por ocasião da emergência dos mamíferos. Com eles, entrou no mundo o amor, o cuidado e o sentimento que se devotam à cria. Nós humanos esquecemos que somos mamíferos intelectuais. Logo, somos fundamentalmente portadores de emoções, paixões e afetos.

No cérebro límbico reside o nicho da ética, dos sentimentos oceânicos como os religiosos. Antes ainda, há 300 milhões de anos, irrompeu o cérebro reptilínio, que responde por nossas reações instintivas, mas não é o caso de abordá-lo aqui.

O que importa é que hoje temos de enriquecer nossa razão intelectual com a razão cordial, muito mais ancestral, se quisermos fazer valer o cuidado e a espiritualidade.

Sem essas duas dimensões não iremos nos mobilizar para cuidar da Terra, da água, do clima, das relações inclusivas. Precisamos cuidar de tudo, sem o que as coisas se deterioram e perecem. E então iríamos de encontro a um cenário dramático.

Outra tarefa é resgatar a dimensão da espiritualidade. Ela não deve ser identificada com a religião, como o mostramos anteriormente. Ela subjaz à religião porque é anterior a ela.

A espiritualidade é uma dimensão inerente ao ser humano como a razão, a vontade e a sexualidade. É o lado do profundo, de onde emergem as questões do sentido terminal da vida e do mundo. Infelizmente, essas questões foram tidas como algo privado e sem grande valor; mas sem a sua incorporação, a vida perde irradiação e alegria. Mas há um dado novo; os neurólogos concluíram: sempre que o ser humano aborda as questões do sentido, do sagrado e de Deus, há uma aceleração sensível nos neurônios do lobo frontal. Chamaram isso de "ponto Deus" no cérebro, uma espécie de órgão interior pelo qual captamos a Presença de uma Energia poderosa e amorosa que liga e re-liga todas as coisas.

Alimentar esse "ponto Deus" nos faz mais solidários, amorosos e cuidadosos. Ele se opõe ao consumismo e materialismo de nossa cultura. Todos, especialmente os que estão na escola, devem ser iniciados nessa espiritualidade, pois nos torna mais sensíveis aos outros, mais ligados à Mãe Terra, à natureza e ao cuidado; valores sem os quais não garantiremos um futuro bom para nós.

Inteligência cordial e espiritualidade são as exigências mais urgentes que a atual situação ameaçadora nos cobra.

9

O Espírito vem primeiro: chega antes do missionário

Um dos efeitos do processo de mundialização – que vai muito além de sua expressão econômico-financeira – é o encontro com todo tipo de tradições espirituais e religiosas. Instaurou-se um verdadeiro mercado de bens simbólicos no qual os vários caminhos, doutrinas, cerimoniais, ritos e esoterismos são oferecidos para atender à demanda de um número crescente de pessoas, geralmente fatigadas pelo excesso de materialismo, racionalismo, consumismo e superficialismo de nossa cultura convencional.

Por trás desse fenômeno há uma busca humana a ser entendida e também atendida. O espiritual e o místico, à revelia das predições dos mestres da suspeita como Marx, Freud e Nietzsche, estão voltando com renovado vigor. Eles revelam uma dimensão esquecida do ser humano, vista pelos modernos, mais como expressão de patologia do que de sanidade.

Hoje, entre os estudiosos das ciências da religião, ela está resgatando sua cidadania. Tem seu assento na razão sensível e cordial. Não a substitui, mas completa a razão científico-calculatória. Nessa razão cordial se elaboram os grandes sonhos e surgem as estrelas-guias que dão rumo à nossa vida. A religião desvela o ser humano como projeto infinito e lhe brinda o objeto adequado que o faz descansar: o Infinito de Deus.

Os cristãos têm especial dificuldade no diálogo com as religiões. Sustentam a crença de que são portadores exclusivos de uma revelação única e de um salvador universal, Jesus Cristo, o Filho de Deus encarnado, fora do qual não haveria salvação.

Em alguns, essa crença ganha foros de fundamentalismo, dizendo, sem atalhos, que fora da Igreja não há salvação, repetindo uma versão de cariz medieval.

Outros, ao contrário, a partir da própria Bíblia e de uma reflexão teológica mais profunda, sustentam que todos os seres humanos, também o cosmos, estão permanentemente sob o arco-íris da graça de Deus. Para os primeiros 11 capítulos do Gênesis, nos quais não se fala ainda em Israel como "povo eleito", todos os povos da Terra são povos de Deus. Isso permanece válido até os tempos atuais.

Ademais, dizem as Escrituras que o Espírito enche a face da Terra, perpassa a história, anima as pessoas a praticarem o bem, a viverem na verdade e a realizarem a justiça e o amor. O Espírito foi o primeiro a chegar para uma simples mulher do povo, Maria, à qual pediu para ser a mãe do Filho eterno do Pai. Só depois que ela aceitou pôde chegar, em segundo lugar, o Filho, que começou a crescer em seu seio.

Portanto, a exclusividade não é exclusividade, pois Deus e o Espírito não excluem ninguém e fazem de todos os povos o seu povo.

Algo semelhante ocorre com o Espírito em relação às culturas e religiões. Ele chega por primeiro, bem anteriormente ao missionário. Este, antes de anunciar sua mensagem, precisa reconhecer as obras que este Espírito faz no mundo: o amor, a bondade, a compaixão, o perdão entre as muitas pessoas em suas respectivas culturas e religiões. Ao missionário cabe reconhecê-las, apreciá-las e prolongá-las, e não negá-las em nome de sua verdade exclusiva.

O Cristo não pode ser reduzido ao espaço palestinense. Ao assumir o homem Jesus de Nazaré, o Filho se inseriu no processo da evolução, tocou a realidade humana e ganhou uma dimensão cósmica. Coube ao teólogo franciscano Duns Scotus, na Idade Média, e a Pierre Teilhard de Chardin, nos tempos modernos, apontarem que o Filho está presente na matéria e nas energias originarias, e que foi densificando sua presença na medida em que se realizava a complexidade e crescia a consciência até irromper na forma de Jesus de Nazaré. Essa individuação não diminuiu seu caráter divino e cósmico, de forma que pôde irromper, sob outros nomes e sob outras figuras que revelam em suas vidas e obras a cercania do mistério de Deus. Para evitar certa "cristianização" do tema, podemos usar outros nomes como *Sabedoria/Sofia*. Ela está presente na criação, na vida dos povos e especialmente nas lições dos mestres e sábios.

Ou se usa também a categoria *Logos* ou *Verbo*, que revela o momento de inteligibilidade e ordenação do universo. Ele não fica uma Energia impessoal, mas revela suma subjetividade e suprema consciência.

Praticamente todas as tradições espirituais e religiões se referem à Última Realidade como *Spiritus Creator*, aquela Energia suprema que do caos originário tirou e ordenou todas as coisas. Esse Espírito perpassa todos os movimentos do universo, anima os processos de ascensão e vivifica o espírito humano para que se abra mais e mais às manifestações desse Espírito na natureza, nas culturas, nas religiões e na vida das pessoas. Ele nunca abandonou sua criação e jamais nos falta.

Por isso, vivemos à mercê de sua atuação, de seu amor e da vida que, cotidianamente, nos concede.

QUINTA PARTE

Figuras seminais e exemplares

1
Um líder seminal: José Mujica, ex-presidente do Uruguai

Há uma carência clamorosa de lideranças mundiais, que no meio de uma grave crise de civilização, na qual a vida na Terra pode estar ameaçada, tenham palavras de orientação e de esperança. A maioria dos presidentes vem das escolas de administração, onde são ensinados a gerenciar mais a economia da acumulação do que cuidar do bem-estar do povo e da natureza. Mas há exceções notáveis como a figura do Papa Francisco, Sua Santidade o Dalai-Lama e, na América Latina, o ex-presidente do Uruguai, José Mujica. Foi presidente da nação por 5 anos, de 2010 a 2015.

Estando em Montevidéu, tive a feliz oportunidade de encontrá-lo em 17/03/2015 em sua simples chácara, situada a uns 3km da capital. O encontro equivaleu a um choque existencial que enriquece a própria caminhada pessoal e confirma os mesmos sonhos e ideais.

Encontrei um campônio, uma pessoa que vendo-a e ouvindo-a fui imediatamente remetido a figuras clássicas do passado, como Leon Tolstoi, Mahatma Gandhi, Chico Mendes, o bispo de São Félix do Araguaia, Dom Pedro Casaldáliga e até com Francisco de Assis.

Aí estava ele com sua camisa suada e rasgada pelo trabalho no campo, com uma calça esporte muito usada e sandálias rudes, deixando ver uns pés empoeirados como quem vem da faina da terra. Vive em uma casa humilde, e ao lado dela estava o "velho fusca", que faz no máximo 70km/h. Já lhe ofereceram 1 milhão de dólares pelo carro, Mujica rejeitou a oferta em respeito ao velho carro que diariamente o levava ao palácio presidencial e em consideração ao amigo que lho presenteou.

Rejeita que o considerem pobre. Diz: "Não sou pobre, porque tenho tudo o que preciso para viver. Pobre não é não ter; é estar fora da comunidade, e eu não estou".

Pertenceu à resistência à ditadura militar. Viveu na prisão por 13 anos e por um bom tempo dentro de um poço, coisa que lhe deixou sequelas até os dias de hoje. Depois, em covas escuras debaixo da terra. Mas nunca fala disso, nem mostra o mínimo ressentimento. Comenta que a vida lhe fez passar por muitas situações difíceis; mas todas eram boas para lhe dar sábias lições e por fazê-lo crescer.

Conversamos por mais de uma hora e meia. Começamos com a situação do Brasil e, em geral, da América Latina. Mostrou-se muito solidário com Dilma, especialmente em sua determinação de cobrar investigação rigorosa e punição adequada aos corruptos e corruptores do penoso caso da Petrobrás. Não deixou de assinalar que há uma política orquestrada a partir dos Estados Unidos de desestabilizar governos que tentam realizar um projeto autônomo de país. Isso está ocorrendo no Norte da África e pode estar em curso também na América Latina e no Brasil. Sempre em articulação com os setores mais abastados e poderosos do interior dos países, que temem mudanças sociais que lhes podem ameaçar os privilégios históricos.

Mas a grande conversa foi sobre a situação do sistema-vida e do sistema-Terra. Aí me dei conta do horizonte vasto de sua visão de mundo. Enfatizou que a atual questão axial não reside na preocupação pelo Uruguai, seu país, nem por nosso continente latino-americano, mas pelo destino de nosso planeta e pelo futuro da nossa civilização. Disse, entre meditativo e preocupado, que talvez tenhamos que assistir a grandes catástrofes até que os chefes de Estado se deem conta da gravidade de nossa situação como espécie, e tomem medidas salvadoras. Caso contrário, vamos ao encontro de uma tragédia ecológico-social inimaginável.

O triste, comentou Mujica, é perceber que entre os chefes de Estado, especialmente das grandes potências econômicas, não se verifica qualquer preocupação em criar uma gestão plural e global do Planeta Terra, já que os problemas são planetários. Cada país prefere defender seus direitos particulares, sem se dar conta das ameaças gerais que pesam sobre a totalidade de nosso destino.

Mas o ponto alto da conversação, sobre o qual pretendo voltar, foi em relação à urgência de criarmos uma cultura alternativa à dominante, a cultura do capital. De pouco vale, sublinhou, trocarmos de modo de produção, de distribuição e de consumo, se ainda mantemos os hábitos e "valores" vividos e proclamados pela cultura do capital. Esta aprisionou toda a humanidade com a ideia de que precisamos crescer de forma ilimitada e de buscar um bem-estar material sem fim. Essa cultura opõe ricos e pobres e induz estes a buscarem ser como aqueles. Agiliza todos os meios para que se façam consumidores. Quanto mais são inseridos no consumo, mais demandas fazem, porque o desejo induzido é ilimitado e nunca sacia o ser humano. A pretensa felicidade prometida se esvai numa grande insatisfação e vazio existencial.

A cultura do capital, acentuou Mujica, não pode nos dar felicidade, porque nos ocupa totalmente, na ânsia de acumular e de crescer, não nos deixando tempo de vida para simplesmente viver, celebrar a convivência com outros e nos sentir inseridos na natureza. Essa cultura é antivida e antinatureza, devastada pela voracidade produtivista e consumista.

Importa viver o que pensamos; caso contrário, pensamos como vivemos: a espiral infernal do consumo incessante. Impõe-se a simplicidade voluntária, a sobriedade compartida, a comunhão com as pessoas e com toda a realidade. É difícil, constatou Mujica, construir as bases para essa cultura humanitária e amiga da vida. Mas temos que começar por nós mesmos.

Comentei: "O senhor nos oferece um vivo exemplo de que isso é possível e está no âmbito das virtualidades humanas".

No final, abraçando-nos fortemente, comentei: "Digo com sinceridade e com humildade: vejo que há duas pessoas no mundo que me inspiram e me dão esperança: o Papa Francisco e Pepe Mujica". Nada disse. Olhou-me profundamente e vi que seus olhos lacrimejaram de emoção.

Saí do encontro como quem viveu um choque existencial benfazejo: encontrei um líder seminal que, como uma semente, traz dentro de si toda a esperança de um povo e do mundo. Confirmou-me naquilo que, como tantos outros, pensamos e procuramos viver. E agradeci a Deus por nos ter dado uma pessoa com tanto carisma, tanta simplicidade, tanta inteireza e tanta irradiação de vida e de amor.

2

Houve um profeta, enviado por Deus, chamado Gentileza

Seguramente muitos da Cidade do Rio de Janeiro se lembram daquela figura singular de cabelos longos, barbas brancas, vestindo uma bata alvíssima com apliques cheios de mensagens, com um estandarte na mão contendo muitos dizeres em vermelho, que a partir dos inícios de 1970 até a sua morte, em 1996, percorria toda a cidade, viajava nas barcas Rio-Niterói, entrava nos trens e ônibus para fazer a sua pregação: gentileza gera gentileza.

A partir de 1980 encheu as 55 pilastras do então "Viaduto do Caju", que dava acesso à rodoviária, com inscrições em verde-amarelo, propondo sua crítica do mundo e sua alternativa ao mal-estar de nossa civilização. Não era louco como parecia, mas um profeta da têmpera dos profetas bíblicos como Amós ou Oseias.

Como todo profeta, ele também sentiu um chamado divino, que veio por um acontecimento de grande densidade trágica: o incêndio do Circo Norte-americano em Niterói em 17/12/1961, no qual foram calcinadas cerca de 400 pessoas. Ele era um pequeno empresário de transporte de cargas em Guadalupe, bairro na periferia do Rio, e sentiu-se chamado para ser o consolador das famílias destas vítimas.

Deixou tudo para trás, tomou um de seus caminhões e colocou sobre ele duas pipas de 100 litros de vinho e, junto às barcas em Niterói, distribuía-o em pequenos copos de plástico, dizendo: "Quem quiser tomar vinho não precisa pagar nada, é só pedir *por gentileza*, é só dizer *agradecido*".

De José da Trino, esse era seu nome, começou a se chamar de José Agradecido ou de Profeta Gentileza. Interpretou a queima do circo como uma metáfora da queima do mundo, assim como está organizado, como um circo, pelo "capeta-capital... que vende tudo, destrói tudo, destruindo a própria humanidade". Segundo ele, devemos construir outro mundo a partir da Gentileza, o que ele fez como miniatura antecipatória no local do antigo circo, transformado num belíssimo jardim, chamado "Paraíso Gentileza".

O quarto aplique de sua bata dizia: "Gentileza é o remédio de todos os males, amor e liberdade". E fundamentava assim: "Deus-Pai é Gentileza que gera o Filho por Gentileza... Por isso, Gentileza gera Gentileza".

Ensinava com insistência: em lugar de "muito obrigado" devemos dizer "agradecido", e ao invés de "por favor", devemos usar "por gentileza", porque ninguém é obrigado a nada e devemos ser gentis uns para com os outros, relacionando-nos por amor, e não por favor. Não é exatamente isso que o Rio de Janeiro está precisando para contrabalançar a violência crescente?

Tentemos captar a secreta mensagem desse profeta secular enviado pelo Cristo Redentor, lá do alto da montanha, para a cidade e também para o mundo, marcados por muita truculência e falta de gentileza.

Para irmos direto ao assunto, diria que existem dois princípios, já notados pelo grande filósofo e matemático francês Blaise Pascal: o espírito de Geometria e o espírito de Gentileza. Eu prefiro chamá-los de princípios, pois, como todos os princípios, são geradores de atitudes, de comportamentos, de valores e de instituições.

Esses princípios são verdadeiros e estão na base de qualquer civilização e comunidade humana.

A Gentileza se mostra pelo cuidado de uns para com os outros, pelo respeito, pela solidariedade, pela compaixão e pela busca permanente da paz.

A Geometria responde pelo espírito de cálculo, pela vontade de abrir caminhos, de domesticar a natureza e de construir artefatos técnicos que aliviam o peso da existência humana.

Ambos convivem, mas não sem tensões. Ora predomina mais o princípio Gentileza, e então as sociedades gozam de relativa paz e os conflitos do convívio podem ser facilmente administrados. Ora vigora mais fortemente o princípio Geometria, e então funcionam as leis, as burocracias, o cálculo para todas as coisas, estabelecendo o império da ordem, não raro imposta com coerção.

O que predominou na cultura moderna, hoje globalizada, foi o princípio de Geometria, recalcando fortemente o princípio Gentileza. Então, temos conhecido sociedades de conquista, de invenções tecnológicas letais e de artificialização de quase todas as dimensões da existência e também de violência nas relações sociais e internacionais, e de guerras de grande devastação.

Também surgiu no seio desse tipo de cultura o seu antídoto: aqueles que sempre tentaram resgatar o princípio de Gentileza, dando um rosto mais humano às sociedades e tendo um olhar de compaixão e de solidariedade para com as vítimas do espírito de Geometria. Especialmente a partir do romantismo filosófico do século XIX e da tradição crítica do pós-guerra (de 1945) se elaborou um juízo severo sobre a assim chamada Modernidade, do princípio de Geometria.

Mas a crítica da Modernidade não é monopólio dos mestres do pensamento acadêmico como Freud, com o seu *O mal-estar na cultura,* Escola de Frankfurt com Horkheimer com o seu *O eclipse da razão* e com Habermas com o seu *Conhecimento e interesse,* ou mesmo toda a produção filosófica do Heidegger tardio.

O Profeta Gentileza, representante do pensamento popular e cordial, chegou à mesma conclusão que aqueles mestres. Mas foi mais certeiro do que eles ao propor a alternativa: a Gentileza como irradiação do cuidado e da ternura essencial.

Esse paradigma tem mais chance de nos humanizar do que aquele que ardeu no circo de Niterói: o espírito de Geometria, o saber como poder e o poder como dominação sobre os outros e a natureza.

O espírito de Gentileza faz-se urgente hoje, particularmente, por causa da crise ecológica e das ameaças que pesam sobre o sistema-vida e o sistema-Terra. Ou alimentamos uma relação de amor e amizade para com a vida e de respeito e gentileza para com a Terra, entendida como nossa Grande Mãe que nos dá tudo o que precisamos, ou então corremos o risco de nos acercar de um abismo do qual não teremos volta.

Seria a derrota da humanidade que não soube se humanizar pela gentileza, pelo cuidado, pela solidariedade e pelo amor.

3

Um evangelho sem poder: as parteiras de um povo indígena

Via de regra, a propagação do cristianismo se fez no quadro de uma aliança entre o poder político e o poder religioso. Isso já se impôs desde o século III, quando Constantino, imperador romano, incorporou o cristianismo ao Império, fazendo-o religião oficial. Ele, espertamente, revestiu a hierarquia da Igreja, bispos e padres, como funcionários do Estado, com direito aos privilégios e títulos de honra ligados ao cargo, coisa que infelizmente perdura até os dias de hoje.

Na América Latina o processo de colonização e a evangelização constituíram um único projeto: conquistava-se o corpo pela espada e a alma pela doutrina. Era o evangelho do poder religioso associado ao poder político-militar.

Mas nunca faltou na história outra tendência, vivida outrora por Francisco de Assis na Europa e por Bartolomé de las Casas na América Latina, de acercar-se dos outros por uma convivência pacífica, sem palavras, fraterna e amorosa. No mundo contemporâneo foi novamente testada pelo Irmão Carlos de Foucauld, que nos inícios do século XX foi ao meio dos muçulmanos no Deserto da Argéria não para anunciar o Evangelho, mas para, no espírito evangélico, conviver com eles e acolher a diferença de sua cultura e de sua religião.

E nos dias atuais está sendo vivida, exemplarmente, pelas seguidoras do Irmão Carlos, as Irmãzinhas de Jesus, entre os Índios Tapirapé no noroeste do Mato Grosso, próximo ao Rio Araguaia. Não é mais o evangelho do poder da doutrina, mas o poder do Evangelho como convivência humilde e fraterna.

Em 2002 pude assistir a celebração do cinquentenário da presença delas junto aos Tapirapé. Lá ainda estava a pioneira, a Irmãzinha Genoveva, que em outubro de 1952 começou sua convivência com a tribo. De manhã, com o Bispo Pedro Casaldáliga, advogado e defensor dos índios, lançou um livro de extraordinário valor: *O renascer do povo Tapirapé* – Diário das Irmãzinhas de Jesus de Charles de Foucauld, 1952-1953 (São Paulo: Salesiana, 2002), belissimamente ilustrado para estar à altura da refinada estética dos Tapirapé.

Como elas chegaram lá? As Irmãzinhas souberam pelos frades dominicanos franceses que missionavam em terras do Araguaia que os Tapirapé estavam em extinção. Dos 1.500 de antigamente foram reduzidos a 47 por causa de incursões dos Kayapó, seus inimigos tradicionais, das enfermidades dos brancos e da falta de mulheres. No espírito do Irmão Carlos, de ir para conviver e não para converter, decidiram unir-se à agonia de um povo.

À sua chegada, a Irmãzinha Genoveva ouviu do cacique Marcos: "Os Tapirapé vão desaparecer. Os brancos vão acabar conosco. Terra vale, caça vale, peixe vale. Só índio não vale nada". E eles haviam internalizado que não valiam nada mesmo e que estavam condenados inexoravelmente a desaparecer.

Elas humildemente pediram hospedagem aos Tapirapé. Começaram a viver com eles o evangelho da fraternidade, no roçado, na luta pela mandioca de cada dia, no aprendizado da língua e no incentivo a tudo o que era deles, inclusive a religião, num percurso solidário e sem retorno.

Com o tempo foram incorporadas como membros da tribo. A autoestima deles voltou. Graças à mediação delas, conseguiram que mulheres Karajá se casassem com homens Tapirapé e, assim, garantissem a multiplicação do povo. De 47 passaram a 520 em 2002.

Em 50 anos elas sequer converteram um único membro da tribo, mas conseguiram muito mais: fizeram-se parteiras de um povo, à luz daquele que entendeu sua missão de "trazer vida, e vida em abundância". Quando vi o rosto de uma índia Tapirapé e o rosto envelhecido da Irmãzinha Genoveva, notei: se tivesse tingido de tucum os cabelos brancos, ela seria tida como uma perfeita mulher Tapirapé. Realizou, de fato, a profecia da fundadora: "As Irmãzinhas se farão Tapirapé, para daqui irem aos outros e amá-los, mas serão sempre Tapirapé".

Darcy Ribeiro, o grande antropólogo das culturas indígenas, considerou essa experiência das Irmãzinhas de Jesus como um fato inédito na história da antropologia, que deve ser guardado e referido como um exemplo de inculturação bem-sucedida.

Por fim, queremos relatar a transfiguração gloriosa da Irmãzinha Genoveva, parteira do povo Tapirapé, em 24/09/2013. Ela nos vem descrita por Canuto, da Pastoral Indígena da Diocese de São Félix do Araguaia. Eis o seu testemunho:

> Genoveva, na manhã da terça-feira, 24, estava bem-disposta. Tinha amassado barro para o conserto na casa. Almoçou tranquilamente com a Irmãzinha Odile. Estavam descansando quando se queixou de dores no pei-

to. Odile foi logo providenciar um carro para levá-la ao hospital de Confresa. No caminho, a respiração foi ficando mais difícil. Morreu antes de chegar ao hospital.

De volta à aldeia, consternação geral. Genoveva viu nascer quase 100% dos Apyãwa (é assim que se autodenominavam os Tapirapé; assim voltam a se autodenominar hoje) nestes 61 anos de vida partilhada. Os Apyãwa fizeram questão de sepultá-la, segundo seus costumes, como se mais uma Apyãwa tivesse morrido. Os cantos fúnebres, ritmados com os passos, prolongaram-se por muito tempo, durante a noite e o dia seguinte. Muitas lamentações e choros se ouviam.

Segundo o ritual Apyãwa, Genoveva foi enterrada dentro da casa onde morava. A cova foi aberta com todo o cuidado pelos Apyãwa, acompanhada de cânticos rituais. A altura de uns 40 centímetros do chão foram colocadas duas travessas, uma em cada ponta da cova. Nestas travessas foi amarrada a rede que ficou na posição de uma rede estendida, como quem está dormindo. Por sobre as travessas foram colocadas tábuas. Por sobre as tábuas é que foi colocada a terra. Toda a terra colocada foi peneirada pelas mulheres, como é a tradição. No dia seguinte esta terra foi molhada e moldada de tal forma que fica firme e espessa como a de chão batido. Tudo acompanhado com cânticos rituais.

Em sua rede em que todos os dias dormia, Genoveva continua o sono eterno entre aqueles que escolheu para ser seu povo.

A notícia da morte se espalhou pela região, pelo Brasil e pelo mundo. Muitos agentes de pastoral vieram. Os coordenadores do Cimi, de Cuiabá, chegaram depois de uma viagem de mais de 1.100km, quando o corpo já estava na cova, ainda coberto só com as tábuas. Os

Apyãwa as retiraram para que os que acabavam de chegar a vissem pela última vez em sua rede.

Cânticos rituais dos Tapirapé foram entremeando cânticos e depoimentos da caminhada cristã de Irmãzinha Genoveva. Ao final, o cacique falou que os Apyãwa estão todos muito tristes com a morte da Irmãzinha. Falando em português e tapirapé, ressaltou o respeito como eles sempre foram tratados pelas Irmãzinhas, durante estes sessenta anos de convivência. Lembrou que os Apyãwa devem sua sobrevivência às irmãzinhas, pois quando elas chegaram eles eram muito poucos e hoje chegam a quase mil pessoas.

Plantada em território Tapirapé está Genoveva, um monumento de coerência, silêncio e humildade, de respeito e reconhecimento do diferente, provando como é possível, com ações simples e pequenas, salvar a vida de todo um povo.

Não é por aí que deverá seguir o cristianismo, se quiser ter futuro num mundo religiosamente plural e globalizado? O Evangelho sem poder? O Evangelho despido dos traços da cultura dominante ocidental e singelamente vestido com as virtudes radicalmente humanas da convivência, da solidariedade, do amor.

4

Perder-se para encontrar-se: o monge, o gato e a lua

O homem moderno perdeu o sentido da contemplação, de maravilhar-se diante das águas cristalinas do riacho, de encher-se de espanto face a um céu estrelado e de extasiar-se diante dos olhos brilhantes de uma criança que o olha interrogativa. Não sabe o que é o frescor de uma tarde de outono e é incapaz de ficar sozinho, sem celular, internet, televisão e aparelho de som. Ele tem medo de ouvir a voz que lhe vem de dentro, aquela que nunca mente, que nos aconselha, nos aplaude, nos julga e sempre nos acompanha. Essa pequena história de meu irmão Waldemar, educador popular e camponês, nos traz de volta a nossa dimensão perdida. O que é profundamente verdadeiro só se deixa dizer bem, como atestam os sábios antigos, por pequenas histórias e raramente por conceitos. Às vezes, quando imaginamos que nos perdemos, é então que nos encontramos. É o que esta história nos quer comunicar: um desafio para todos. Escreve Waldemar Boff:

> Era uma vez um eremita que vivia muito além das montanhas de Iguazaim, bem ao sul do Deserto de Acaman. Fazia bem 30 anos que para lá se recolhera. Algumas cabras lhe davam o leite diário e um palmo de terra daquele vale fértil lhe dava o pão. Junto à cabana es-

gueiravam-se algumas ramas de videira. Durante o ano todo, sob as folhas de palmeira de cobertura, abelhas vinham fazer suas colmeias.

"Há 30 bons anos que por aqui vivo! [...]", suspirou o Monge Porfiro. "Há 30 bons anos! [...]" E, sentado sobre uma pedra, o olhar perdido nas águas do regato que saltitavam entre os seixos, deteve-se neste pensamento por longas horas. "Há 30 bons anos e não me encontrei. Perdi-me para tudo e para todos, na esperança de me encontrar. Mas perdi-me irremediavelmente!"

Na manhã seguinte, antes de o sol nascer, de parco farnel aos ombros e semirrotas sandálias aos pés, pôs-se a caminho das montanhas de Igazaim, após a reza pelos peregrinos. Ele sempre subia as montanhas, quando, sob forças estranhas, seu mundo interior ameaçava desabar. Ia visitar Abba Tebaíno, eremita mais provecto e mais sábio, pai de uma geração toda de homens do deserto. Vivia ele sob um grande penhasco, de onde se podia ver lá embaixo os trigais da aldeia de Icanaum.

"Abba, perdi-me para encontrar-me. Perdi-me, porém, irremediavelmente. Não sei quem sou, nem para que ou para quem sou. Perdi o melhor de mim mesmo, o meu próprio eu. Busquei a paz e a contemplação, mas luto com uma falange de fantasmas. Fiz tudo para merecer a paz. Olha meu corpo, retorcido como uma raiz, retalhado de tantos jejuns, cilícios e vigílias! [...] E aqui estou, roto e combalido, vencido pelo cansaço da procura."

E dentro da noite, sob uma lua enorme, iluminando o perfil das montanhas, Abba Tebaíno, sentado à porta da gruta, ficou a escutar com ternura infinita as confidências do Irmão Porfiro.

Depois, num destes intervalos onde as palavras somem e só fica a presença, um gatinho que já vivia há muitos anos com o Abba veio se arrastando de mansinho até a seus pés descalços. Miou, lambeu-lhe a ponta rota do burel, acomodou-se e pôs-se, com grandes olhos de criança, a contemplar a lua que, como alma de justo, subia silenciosa aos céus.

E, depois de muito tempo, começou o Abba Tebaíno a falar com grande doçura:

"Porfiro, meu filho querido, deves ser como o gato; ele nada busca para si mesmo, mas espera tudo de mim. Toda manhã aguarda ao meu lado um pedaço de côdea e um pouco de leite desta tigela secular. Depois, vem e passa o dia juntinho a mim, lambendo-me os pés machucados. Nada quer, nada busca, tudo espera. É disponibilidade. É entrega. Vive por viver, pura e simplesmente. Vive para o outro. É dom, é graça, é gratuidade. Aqui, junto a mim deitado, contempla inocente e ingênuo, arcaico como o ser, o milagre da lua que sobe, enorme e abençoada. Não busca a si próprio, nem mesmo na vaidade íntima da autopurificação ou na complacência da autorrealização. Ele se perdeu irremediavelmente, para mim e para a lua... É a condição de ele ser o que é e de encontrar-se."

E um silêncio profundo desceu sobre a boca do penhasco.

Na manhã seguinte, antes de o sol nascer, os dois eremitas cantaram os salmos das Matinas. Seus louvores ecoaram pelas montanhas e fizeram estremecer as fímbrias do universo. Depois, deram-se o ósculo da partida. O irmão Porfiro, de parco farnel às costas e semirrotas sandálias aos pés, retornou ao seu vale, ao sul do Deserto de Acaman. Entendeu que para encontrar-se devia perder-se na mais pura e singela gratuidade.

Contam os moradores da aldeia próxima que, muitos anos depois, numa profunda e quieta noite de lua cheia, eles viram no céu um grande clarão. Era o Monge Porfiro que subia, junto com a lua, à imensidão infinita daquele céu delirantemente faiscado de estrelas.

Agora não precisava mais perder-se porque havia definitivamente se encontrado.

5

Toda arrogância será castigada: ontem, hoje e sempre

Nossa cultura ocidental se caracteriza por excessiva arrogância, exacerbada pela tecnociência com a qual domina o mundo. Em tudo se mostra excessiva: na exploração ilimitada da natureza, na imposição de suas crenças políticas e religiosas e, quando acha oportuno, na guerra levada a todos os quadrantes, como o fizeram durante séculos a Europa e depois os Estados Unidos.

Esta cultura padece do "complexo-Deus", pois pretende tudo saber e tudo poder. Nesse contexto, cabe lembrar uma fábula de Philipp Otto Runge, um pintor alemão do século XIX que fazia suas reflexões entre a pintura de um quadro e outro.

Ele inventou esta pequena história de um casal de pescadores muito pobres:

> Um certo casal vivia numa choupana miserável junto a um lago piscoso. Todo dia a mulher ia pescar um peixe para comer. Certa feita, puxou em seu anzol um peixe muito estranho que não soube identificar. O peixe foi logo dizendo: "Não me mate, senhora, pois não sou um peixe qualquer; sou um príncipe encantado, condenado a viver neste lago; deixa-me viver". E ela, compadecida, deixou-o viver.

Ao chegar em casa, contou o fato ao marido. Este, muito esperto, logo lhe sugeriu: "Se ele for de fato um príncipe encantado, pode nos ajudar e muito. Corra para lá e tente pedir a ele que transforme nossa choupana num castelo".

A mulher, relutando, foi. Com voz forte chamou o peixe. Este veio e lhe disse: "Que queres de mim"? Ela lhe respondeu: "Você deve ser poderoso, pois é um príncipe. Poderia transformar minha choupana num castelo". "Pois, será atendido o teu desejo", respondeu o peixe.

Ao chegar em casa deparou-se com um imponente castelo, com torres e jardins, e o marido vestido de príncipe. Passados poucos meses e cheio de novos desejos, disse o marido à mulher, apontando para os campos verdes e as montanhas: "Tudo isso pode ser nosso. Será o nosso reino; vá ao príncipe encantado e peça-lhe que nos dê um reino".

A mulher se aborreceu com o desejo exagerado do marido, mas acabou indo. Chamou o peixe encantado e este veio. "Que queres agora de mim", perguntou ele. Ao que a pescadora respondeu: "Gostaria de ter um reino com todas as terras e montanhas a perder de vista". "Pois, seja feito o teu desejo", respondeu o peixe.

Ao regressar, encontrou um castelo ainda maior. E lá dentro seu marido vestido de rei com a coroa na cabeça, cercado de príncipes e princesas. Ambos ficaram felizes por uns bons tempos. Mas eis que o marido, tão bem-galardoado, sonhou mais alto e disse: "Você, minha mulher, poderia pedir ao príncipe encantado que me faça papa com todo o seu esplendor".

A mulher ficou irritada. "Isso é absolutamente impossível. Papa existe somente um no mundo". Mas ele fez tantas pressões que finalmente a mulher, cabisbaixa, foi pedir ao príncipe: "Quero que faça meu marido papa". "Pois, seja feito o teu desejo", respondeu ele.

Ao regressar viu o marido vestido de papa, todo de branco, com uma cruz de ouro e brilhantes ao peito e uma capinha também branca (*mozzeta*) sobre os ombros, toda adornada, símbolo do poder absoluto. Estava cercado de cardeais, bispos, diplomatas e multidões ajoelhadas a seus pés.

Ela ficou deslumbrada. Mas passados uns bons meses de pompa e glória, ele, esquecido de sua origem humilde, pensou: "Só me falta uma coisa, e quero que o príncipe ma conceda, quero fazer nascer o sol e a lua, quero ser Deus".

Chamou a mulher e contou-lhe esse derradeiro desejo. A mulher, boquiaberta, logo foi dizendo: "Isso o príncipe encantando seguramente não poderá fazer".

Mas sob altíssima pressão do marido, antigo pescador e agora papa, a mulher, aturdida e temerosa, foi ao lago. Chamou o peixe. Este lhe perguntou: "Que queres, por fim, mais de mim"? Ela, encabulada, falou baixinho: "Quero que meu marido vire Deus". O peixe lhe disse: "Retorne e terás uma surpresa".

Ao regressar, encontrou seu marido sentado diante da choupana, pobre e todo desfigurado. A arrogância e o excessivo desejo lhe transformaram a vida e o destino. Quis tudo e perdeu tudo.

Conta-se que ambos, o pescador e a pescadora, ainda estão lá até os dias de hoje sentados, taciturnos, na porta da choupana.

Assim acontecerá, consoante as tragédias gregas, com aqueles que vivem de *hybris*, quer dizer, de excessiva pretensão. Eles serão inexoravelmente castigados.

Estimo que esse será o destino de nossa civilização impregnada de arrogância a ponto de ter matado Deus (Nietzsche) e ter colocado ídolos em seu lugar: o ilusório progresso ilimitado num planeta limitado e um consumo desenfreado sem a consciência de que a maioria dos bens e serviços da natureza não é renovável, e grande parte da humanidade passa fome e todo tipo de padecimento.

Por fim, cabe constatar: a arrogância nunca trouxe vantagem para ninguém. Sempre foi causa de desrespeito dos mais fracos, fator de tensões sociais e de guerras de conquista para impor o seu modo de pensar, de organizar a sociedade, de celebrar Deus e seu estilo de vida.

6

Por que os grandes não cuidam dos pequenos?

Andando, há dias, por minha rua, onde quase ninguém passa, contabilizei, em apenas 50 metros, 58 besouros mortos, de diferentes espécies. Como não reparamos nesses nossos irmãos menores, pisamos neles e nossos carros os massacram.

São Francisco de Assis ou Albert Schweitzer, o médico do ilimitado respeito a todo o ser, se os vissem mortos, chorariam de compaixão.

Foi então que me lembrei de um belo mito dos índios Maué, da área cultural do Tapajós-Madeira, que muito nos tem a ensinar. Desse mito cada qual pode tirar suas lições. Ele pode ser aplicado à ecologia, à relação benevolente para com todo tipo de vida e até à política internacional, na qual os grandes comem os pequenos. Reza o mito:

> Quando o mundo foi criado não existia a noite. Havia só o dia e a luz penetrava em todos os espaços. A luz só não chegava nas águas profundas do rio. Os Maué, por mais que quisessem, não conseguiam dormir. Viviam cansados e com os olhos irritados pelo excesso de luz.
>
> Certo dia, um deles encheu-se de coragem e foi falar com a Cobra Grande, a sucuriju, toda escura, conside-

rada a senhora absoluta da noite. Era ela que mantinha a noite presa no fundo mais fundo das águas.

A Cobra Grande ouviu as lamentações do índio. E vendo sua pele amorenada pelo sol escaldante e os olhos avermelhados pelo excesso de luz, teve pena dele. Relutando muito, por causa dos riscos, propôs um pacto: "Eu sou grande e forte. Sei me defender. Não preciso de ninguém. Mas muitos dos meus parentes são pequenos e indefesos. Ninguém cuida deles. Vocês mesmos andam por aí sem olhar para onde pisam e assim os matam sem piedade. Como eles podem se defender? Eu sei como e vou fazer-lhe uma proposta, disse a Cobra Grande. Eu lhe proponho a seguinte troca: Você, indiozinho, me arranja veneno e eu cuidarei de distribuí-lo entre os meus parentes pequenos e indefesos. Os grandes não precisam dele porque podem se defender sozinhos. Assim vocês, Maué, quando caminharem por aí, olhem bem onde vão meter os pés para não pisar nos bichinhos pequenos. Agora, com o veneno, eles terão como se defender contra o descuido de vocês. Em troca lhe darei um coco cheio de noite".

O Maué aceitou a proposta. Correu para o mato; conhecia as plantas que tinham veneno. Reuniu um bom bocado dele e voltou para junto da Cobra Grande. E ela, em troca, lhe entregou um coco cheio de noite.

No momento da troca, ela ainda recomendou: "De jeito nenhum abra o coco fora da maloca". O índio prometeu manter o pacto. Mas os demais índios ficaram loucos de curiosidade. Queriam conhecer naquele momento mesmo a tão ansiada noite. Extremamente excitados, juntos decidiram abrir o coco bem no meio do roçado. E foi então que sobreveio a desgraça: trevas cobriram o mundo. Não se via mais nada. E uma angústia imprevista e terrível invadiu o ânimo dos Maué.

Houve uma correria geral. No corre-corre precipitado, ninguém pensou nos bichinhos pequenos que já haviam recebido veneno da Cobra Grande. Os primeiros a receber foram as aranhas, as cobras pequenas e os escorpiões. Esses se defenderam das pisadas dos índios mordendo-lhes os pés e as pernas. Foi aquela calamidade. Muitos ficaram doentes e outros morreram.

Os poucos que sobreviveram às mordidas venenosas sabem agora como se comportar. E a partir de então todos começaram a tomar grande cuidado com os bichinhos pequenos para não pisar neles e não serem mordidos. Aprenderem a respeitá-los e a conviver pacificamente com eles, e no maior respeito mútuo.

Por que será que os grandes do mundo das finanças, da política e das armas de destruição em massa, que possuem muito, não cuidam de nossos pequenos que não possuem quase nada? Porque não o fazem, temos o mundo triste e injusto que conhecemos. E uma treva cobre nosso céu, deixando-nos temerosos, pois ela pode anunciar tempestades que são castigos por nossa falta de sensibilidade e de coração.

7

Uma parábola sempre atual: o palhaço de Kierkegaard

Prestemos atenção a alguns eventos catastróficos que nos fazem pensar: primeiramente o devastador tsunami, ocorrido no Japão em 2011 com incontáveis vítimas e o risco letal de materiais atômicos de usinas nucleares em parte destruídas; no mesmo ano ocorreu a grande devastação nas cidades serranas do Rio de Janeiro, na qual morreram em uma noite mais de 900 pessoas e deixando 23 mil desabrigadas, considerado um dos grandes desastres naturais do mundo. Os alarmantes relatórios do Painel Intergovernamental sobre as Mudanças Climáticas (IPCC), gerando os eventos extremos como a aterradora seca e a escassez de água potável nas cidades de São Paulo, Rio de Janeiro e Belo Horizonte em 2015, e simultaneamente as nevascas ameaçadoras no leste dos Estados Unidos. Daquele mesmo ano de 2011 não podem ser esquecidas as vítimas do fundamentalismo em várias partes do mundo. Por fim, o rumoroso assassinato dos cartunistas franceses em 2015, em Paris, por fundamentalistas islâmicos.

Que atitude alimentar? Mera indignação? Revide igualmente violento conduzido pelas potências militaristas ocidentais, seja da parte da Europa, seja dos Estados Unidos, bombardeando ferozmente regiões do Oriente Médio onde se formam e se albergam os terroristas? Como é notório, a resposta violenta à violência nunca resolve os problemas; antes, cria a espiral da violência sem fim. O pior que nos pode acontecer é deixar as coisas correrem como estão. Então, iríamos gaiamente ao encontro de nosso próprio fim.

O sentimento geral é que encostamos no teto e não dá para ir mais para o alto. Chegamos a um ponto em que fica evidente que se quisermos permanecer neste planeta devemos mudar nossa relação para com ele. Deve ser na linha do respeito aos ritmos da natureza, da garantia das bases físico-químicas que sustentam a vida e de sinergia com a Mãe Terra, respeitando seus limites e dando-lhe o tempo sabático para que possa repor o que nós lhe tiramos sem qualquer outra consideração.

Desta vez não temos alternativa: ou mudamos ou pereceremos.

Tal atitude nos remete à conhecida metáfora excogitada pelo filósofo e teólogo dinamarquês Søren Kierkegaard (1813-1855) sobre o Clown, um palhaço de teatro.

O fato, conta ele, é que estava ocorrendo um incêndio nas cortinas do fundo do teatro. Então o diretor enviou o palhaço, que já estava pronto para entrar em cena, a fim de avisar toda a plateia do fato. Suplicava que acorressem para apagar as chamas. Como se tratava de um palhaço, todos imaginavam que era apenas um truque para fazer rir as pessoas antes de começar a apresentação. E esses riam, riam. Quanto mais o palhaço conclamava a todos, mais eles riam. Pôs-se sério e começou a gritar: "O fogo está queimando as cortinas, vai queimar todo o teatro e vocês vão queimar junto".

Todos acharam tudo isso muito engraçado, pois diziam que ele estava cumprindo esplendidamente seu papel de palhaço. O fato é que o fogo, célere, consumiu o palco e todo o teatro com as pessoas dentro.

Conclui Kierkegaard: "Assim, suponho eu, é a forma pela qual o mundo vai acabar no meio da hilaridade geral dos gozadores e galhofeiros que pensam que tudo, enfim, não passa de mera gozação".

Essas palavras de Kierkegaard se aplicam perfeitamente a muitos cientistas, empresários, religiosos e outros cínicos, e até gente do povo, que pensam ser o aquecimento global uma grande enganação ou um alarme desnecessário.

Dizem que o fenômeno é, em grande parte, natural e que a Terra tem condições por si mesma de encontrar o equilíbrio ótimo para a vida. E vivem como os ricos do "Titanic", rindo, fazendo negócios, comprando joias, mas se afundando fatalmente.

Ou então como as pessoas no tempo de Noé que, em vão, conclamava para uma mudança de vida, caso contrário pereciam num inimaginável dilúvio. Não lhe deram ouvidos. Festejavam, casavam e se divertiam à tripa forra, até que irrompeu a grande tempestade. Todos pereceram.

Por outro lado, muitos são os que tomam as advertências a sério, estados e grandes instituições, grupos conscientizados dos dramas ecológicos, empresários, sabedores das ameaças que pesam sobre seus negócios. E a própria sabedoria popular intui que algo vai acontecer, pois a insatisfação e o mal-estar perpassa todas as sociedades.

As informações dizem que se começarmos agora, com apenas 2% do PIB mundial, poderemos equilibrar o clima global e continuar a aventura planetária com perspectivas de esperança.

O fato inegável é que estamos diante de um problema global. Não afeta apenas este ou aquele ecossistema ou determinada região, mas todo o seu conjunto: a biosfera, o clima, a biodiversidade e todo o planeta.

Somos todos interdependentes, e as ações de todos afetam todos para o bem ou para o mal. Tardiamente, só a partir dos anos de 1970 ficou claro que a Terra é um superorganismo vivo, Gaia, que regula os elementos físicos, químicos, geológicos e biológicos de tal forma, que se torna benevolente para todas as formas de vida, especialmente, da nossa.

Mas agora, dada a intervenção prolongada e persistente do processo produtivo mundial, consumindo a maioria dos bens e serviços não renováveis da natureza, ela chegou a um ponto em que não consegue, sozinha, se autorregular. Precisa de nossa intervenção que vai muito além de apenas preservá-la e cuidá-la. Temos que efetivamente resgatá-la e curá-la. Pois, em termos cósmicos, é um planeta já velho, com imunidade limitada e dificuldades de autorregeneração.

Como somos o principal agente desestabilizador, um verdadeiro meteoro rasante que inaugurou uma nova era geológica, o antropoceno, pode acontecer que ela não nos considere mais benevolentemente e queira continuar sem nós.

A dinâmica do processo de produção e consumo ilimitados não consegue garantir o equilíbrio do planeta. Somos obrigados a mudar na linha do que sugere *A Carta da Terra*: assumir um modo sustentável de vida que implica viver os famosos três erres (r): *r*eduzir, *r*eutilizar e *r*eciclar tudo o que consumimos. Eu acrescentaria, ainda, *r*earborizar as áreas devastadas e respeitar todos os seres.

Somente se alcançará tal objetivo mediante a cooperação mundial e a percepção espiritual de que o planeta é Terra-mátria, prolongamento de nossa própria existência terrenal, e nós a porção da Terra inteligente e consciente com a missão de guardar e cuidar dessa herança sagrada que recebemos do universo e de Deus.

8
Um desafio permanente: casar o Céu com a Terra

Observando o processo de mundialização, entendido como uma nova etapa da humanidade e da Terra, no qual culturas, tradições e povos os mais diversos se encontram pela primeira vez, tomamos consciência de que podemos ser humanos de muitas maneiras diferentes e que se pode chegar à Última Realidade, a mais íntima e profunda, seguindo muitos caminhos espirituais e religiosos.

Pensar que há uma única janela pela qual se pode vislumbrar a paisagem divina é a ilusão dos cristãos do Ocidente, e também o seu equívoco.

O Cardeal Joseph Ratzinger, depois Papa Bento XVI, ainda em 2001, no seu documento *Dominus Jesus*, quis fazer valer a sentença medieval, superada pelo Vaticano II, de que "fora da Igreja não há salvação". Para ele, ela é a única religião verdadeira, e as outras são tão somente braços estendidos ao céu, mas sem a certeza de que Deus acolha essa súplica.

Pensar assim é ter pouca fé e imaginar que Deus tem o tamanho da nossa cabeça. Quem não encontrou pessoas profundamente piedosas de outras religiões, nas quais se percebe claramente a presença de Deus? Não reconhecer tal realidade é, na verdade, faltar ao Espírito Santo, que está sempre alimentando a dimensão espiritual ao longo dos tempos históricos. Ele, o Espírito, sempre se antecipa ao missionário pelas boas obras que produz, de amor, de justiça e de bondade.

Diferente é o Papa Francisco. Em suas falas e gestos mostrou um cristianismo aberto às dimensões do mundo. A Igreja é uma casa aberta na qual todos podem encontrar o seu lugar e sentir-se acolhidos. Ela não discrimina ninguém. Prefere o encontro vivo com Jesus do que a proclamação solene de verdades frias, incapazes de aquecer o coração e trazer alegria para a vida. Seu anúncio é a *Alegria do Evangelho*, sua primeira grande Exortação Apostólica em 2014.

Hoje é fácil viajar pelo mundo afora, conhecer outras culturas e costumes, dar-se conta da multiplicidade de religiões com seus imensos templos, ritos belíssimos, e encontrar pessoas profundamente religiosas.

Todos têm a oportunidade e até a necessidade de aprender uns dos outros e perceber como Deus pode ser venerado sob muitos nomes e ser encontrado sob muitos caminhos espirituais.

Permito-me uma confidência: há alguns anos, dei palestras em muitas cidades da Suécia sobre ecologia e espiritualidade. Numa ocasião me levaram quase ao polo norte onde vivem os samis (esquimós). Eles não gostam de encontrar estrangeiros. Mas, sabendo que havia chegado a suas regiões um teólogo da libertação, quiseram conhecer 'essa raridade".

Vieram três líderes indígenas como representantes de suas respectivas comunidades. O mais velho logo me perguntou: "Os índios do Brasil casam o Céu com a Terra, ou não"? Eu logo entendi a intenção da pergunta e respondi prontamente: "Lógico que casam, pois desse casamento nascem todas as coisas".

Ao que ele, feliz, retrucou: "Então são ainda índios e não são como nossos irmãos de Estocolmo, que já não acreditam no Céu".

Com isso queria perceber se nossos indígenas conservam sua visão holística, integradora de todos os elementos, inclusive das estrelas das quais se sentem filhos e filhas. Era também essa profunda comunhão com a natureza, com as pradarias e os animais que o cacique Seattle testemunhou em sua carta escrita em 1856 ao governador do território de Washington: "Somos parte da Terra e ela é parte de nós; as flores perfumadas são nossas irmãs; as cristas rochosas, as campinas verdejantes, o calor dos ponys e do ser humano, todos pertencemos à mesma família".

E daí seguiu-se um diálogo profundo sobre o sentido de unidade entre Deus, o mundo, o homem, a mulher, os animais, a terra, o sol e a vida.

Experiência semelhante vivi em 2008 na Guatemala, quando participei de uma belíssima celebração com sacerdotes maias junto ao Lago Atitlan. Também havia sacerdotisas. Tudo se realizava ao redor do fogo sagrado. Começaram invocando as energias das montanhas, das águas, das florestas, do sol e da Mãe Terra. Durante a cerimônia, uma sacerdotisa se avizinhou de mim e disse: "Você está muito cansado e deve ainda trabalhar bastante".

Efetivamente, por 20 dias percorri, de carro, vários países participando de eventos e dando muitas palestras. E então ela, com seu polegar, pressionou meu peito, na altura do coração, com tal força, a ponto de quase me quebrar uma costela.

Tempos depois, retornou a mim e disse: "Você tem um joelho machucado". Eu lhe perguntei: "Como sabe"? E ela respondeu: "Eu o senti pela força da Mãe Terra".

Com efeito, ao desembarcar na praia, retorci o joelho, que inchou. Levou-me junto ao fogo sagrado, e por 30 a 40 vezes passou a mão do fogo ao joelho até que esse desinchasse totalmente.

Antes de terminar a celebração que durou cerca de 30 horas, retornou a mim e disse: "Ainda está cansado". E novamente pressionou fortemente o polegar sobre meu peito. Senti estranho ardor e, de repente, estava relaxado e tranquilo como nunca antes.

São sacerdotes-xamãs que entram em contato com as energias do universo e ajudam as pessoas em seu bem-viver.

Certa vez ousei perguntar ao Dalai-Lama: "Qual é a melhor religião"? E ele, com um sorriso entre sábio e malicioso, respondeu: "É aquela que te faz melhor". Perplexo, continuei: "O que é fazer-me melhor"? E ele: "Aquela que te faz mais compassivo, mais humano e mais aberto ao Todo. Essa é a melhor".

Sábia resposta que guardo com reverência até hoje. Ele bem merece o título de *santidade*.

9
O homem que sempre esperava o advento de Deus

Ele fez de tudo na vida; na juventude foi ateu e marxista. Mas, de repente, se converteu; ordenou-se padre durante a guerra. Logo entrou na Resistência contra os nazistas. Em 1949 fizeram-no assistente da Juventude da Ação Católica. Mas seus métodos libertários não agradaram o *status quo* eclesiástico e o mandaram acompanhar emigrantes italianos que iam de navio à Argentina. Na viagem encontrou um Irmãozinho de Jesus, seguidor de Charles de Foucault, cujo carisma é viver no mundo entre os mais pobres. Iniciou-se na Argélia junto ao deserto e entrou na luta de libertação contra a dominação francesa. Depois foi enviado à Argentina. Por anos trabalhou como operário com madeireiros. Foi ao Chile de Pinochet, mas logo seu nome estava na lista: "Quem encontrar um desses, pode eliminar". Esteve por um tempo na Venezuela. Porém, acabou por instalar-se no Brasil em Foz do Iguaçu, onde criou várias iniciativas para os pobres, com ervas medicinais, fazenda didática para jovens desamparados e outras organizações populares que ainda persistem.

Teve muitos reconhecimentos, que quase sempre rejeitava. O mais importante deles foi em 29 de novembro de 1999 em Brasília, quando o embaixador israelense lhe conferiu a maior comenda a não judeus: "Justo entre as nações". Durante a guerra criou com outros uma rede clandestina que salvou 800 judeus.

Fez-se monge sem sair do mundo, mas sempre dentro do mundo dos lascados e humilhados. Todo o seu tempo livre era dedicado à oração e à meditação. Durante o dia recitava mantras e jaculatórias. Foi uma das figuras mais impressionantes que passaram por minha vida, com uma retórica de ressuscitar mortos. Éramos amigos-irmãos.

Estranhamente tinha um jeito próprio de rezar. Foi ele que me contou. Pensava: se Deus se fez gente em Jesus, então foi como nós: fez xixi, cocô, choramingava pedindo peito, fazia biquinho com o que o incomodava, como a fralda molhada.

No começo, pensava ele, Jesus teria gostado mais de Maria, depois mais de José, coisas que Freud e Winnicott explicam. E foi crescendo como nossas crianças, brincando com as formigas, correndo atrás dos cachorrinhos e, maroto, roubava frutas do quintal do vizinho.

Esse estranho místico rezava a Nossa Senhora imaginando como ninava Jesus, como lavava no tanque as fraldinhas sujas e como cozinhava o mingau para o Menino e as comidas fortes para o seu marido carpinteiro, o bom José.

Ele se alegrava interiormente com tais matutações porque assim devia ser pensada a encarnação do Filho de Deus, na linha do Papa Francisco; não como doutrina fria, mas como fato concreto. Sentia e vivia tais coisas na forma de comoção do coração, e chorava com frequência de alegria espiritual.

Por onde chegava, criava sempre ao seu redor uma pequena comunidade na pior favela da cidade. Teve poucos discípulos; apenas três, que acabaram indo embora. Achavam dura demais aquela vida, e ainda deviam meditar durante o dia, no trabalho, na rua, na visita aos casebres mais decaídos.

Só, agregou-se a uma paróquia que fazia trabalho popular. Desenvolvia suas atividades entre os sem-terra e os sem-teto. Corajoso, organizava manifestações públicas em frente à prefeitura e puxava ocupações de terrenos baldios. E quando os sem-terra e os sem-teto conseguiam se estabelecer, fazia belas "místicas" ecumênicas como o faz sempre o MST.

Mas todos os dias, por volta das 10 da noite, enfurnava-se na igreja escura. Apenas a lamparina lançava lampejos titubeantes de luz, transformando as estátuas mortas em fantasmas vivos e as colunas eretas em estranhas bruxas. E lá permanecia até às 23 horas. Todas as noites, impassível, olhos fixos no tabernáculo.

Um dia fui procurá-lo na igreja. Perguntei-lhe de chofre: "Meu irmão Arturo, você sente Deus quando, depois dos trabalhos, se mete a rezar aqui na igreja? Ele te diz alguma coisa"? Com toda a tranquilidade, como quem acorda de um sono profundo, apenas disse: "Eu não sinto nada. Há muito tempo que não escuto a voz do Amigo [assim se referia a Deus]. Já senti um dia. Era fascinante. Enchia meus dias de música e de luz. Hoje não escuto mais nada. Sofro com a escuridão. Talvez o Amigo não queira me falar nunca mais".

E então retruquei: "Por que continua, todas as noites, aí na escuridão sagrada da igreja"? Ele me respondeu: "Porque quero estar sempre disponível. Se Ele quiser se manifestar, sair de seu silêncio e falar, eu estou aqui para escutar. E se Ele, de fato, quiser falar e eu não estiver aqui? Pois, cada vez, Ele vem somente uma única vez, como outrora".

Saí maravilhado e meditativo por tanta disponibilidade. É por causa dessas pessoas, místicas anônimas, que a Casa Comum, no dizer do Papa Francisco, não é destruída, e Deus continua com sua misericórdia sobre a perversidade humana.

Elas vigiam e esperam, contra toda a esperança, o advento de Deus, que talvez nunca acontecerá. Mas são os para-raios divinos recolhendo a graça que silenciosamente se difunde pelo universo e faz com que Deus continue a nos dar o sol e todas as estrelas e penetre fundo no coração de todos os que vivem na Casa Comum. E se Deus aparecer haverá gente disponível para ouvi-lo, chorando de alegria.

Seu nome era Arturo Paoli que, com 102 anos, foi ver e escutar Deus no dia 13 de julho de 2015, onde vivia em San Martino in Vignale, nas colinas de Lucca, Itália.

Conclusão

O verdadeiro Gênesis não está no começo, mas no fim

O processo cosmogênico dentro do qual se situa a humanidade com todas as suas instituições vai se desenvolvendo lentamente, com recuos e desvios, mas sempre ascendendo para formas cada vez mais complexas, altas e carregadas de propósito.

O Gênesis bíblico termina as várias etapas da criação com a frase: "E Deus viu que era bom". Ao concluir a obra da criação, especialmente do ser humano, exclama: "E Deus viu tudo quanto havia feito e achou que estava *muito bom*" (1,31).

Sabemos que tais textos são tardios, fortemente influenciados pela literatura profética. Por isso, representam não a descrição de um passado perdido, mas uma profecia voltada para o futuro. Só no termo da história, quando tudo tiver sido concluído, Deus, olhando para trás, dirá: "Tudo é muito bom".

Esta constatação nos remete à famosa frase de um filósofo de ascendência judaica, respeitoso dos fenômenos religiosos, Ernst Bloch, formulador do "princípio esperança", que dizia: "O verdadeiro Gênesis não está no começo, mas no fim".

É a convicção das páginas deste livro. Não seremos poupados de crises e padecimentos que nos purificarão e nos farão crescer para nos colocar no caminho verdadeiro. No fim tudo culminará numa criação que nos orgulhará e que honrará o Criador.

Penosamente, passo a passo, subimos os degraus do processo da cosmogênese, da biogênese e da antropogênese até cair nos braços de Deus, Pai e Mãe de infinito amor e ternura. Ele, por milhões de anos, que não são nada diante da eternidade, nos espera ansiosamente para nos abraçar, para repousarmos em seio materno e, por fim, para conviver eternamente em seu Reino de vida e de plenitude de todas as coisas, finalmente resgatadas e elevadas ao máximo de sua perfeição.

Então começará outra história, porque ela nunca acabará, apenas mudará de ordem, mas sem entropia, sem perdas dolorosas, na alegria de quem está e se sente em casa, para sempre.

Esta é a utopia dos seguidores do Nazareno e de todos quantos, por outras palavras e por outros caminhos, buscaram essa mesma plenitude.

Esta será a boa utopia, porque verdadeira!

Livros de Leonardo Boff

1 – *O Evangelho do Cristo Cósmico*. Petrópolis: Vozes, 1971 [Esgotado – Reeditado pela Record (Rio de Janeiro), 2008].
2 – *Jesus Cristo libertador*. 21. ed. Petrópolis: Vozes, 2012.
3 – *Die Kirche als Sakrament im Horizont der Welterfahrung*. Paderborn: Verlag Bonifacius-Druckerei, 1972 [Esgotado].
4 – *A nossa ressurreição na morte*. 11. ed. Petrópolis: Vozes, 2012.
5 – *Vida para além da morte*. 26. ed. Petrópolis: Vozes, 2012.
6 – *O destino do homem e do mundo*. 12. ed. Petrópolis: Vozes, 2012.
7 – *Experimentar Deus*. 2. ed. Petrópolis: Vozes, 2012 [Publicado em 1974 pela Vozes com o título *Atualidade da experiência de Deus* e em 2002 pela Verus com o título atual].
8 – *Os sacramentos da vida e a vida dos sacramentos*. 28. ed. Petrópolis: Vozes, 2012.
9 – *A vida religiosa e a Igreja no processo de libertação*. 2. ed. Petrópolis: Vozes/CNBB, 1975 [Esgotado].
10 – *Graça e experiência humana*. 7. ed. Petrópolis: Vozes, 2012.
11 – *Teologia do cativeiro e da libertação*. Lisboa: Multinova, 1976 [Reeditado pela Vozes, 2014 (7. ed.)].
12 – *Natal*: a humanidade e a jovialidade de nosso Deus. 8. ed. Petrópolis: Vozes, 2009.
13 – *Eclesiogênese* – As comunidades reinventam a Igreja. 3. ed. Petrópolis: Vozes, 1977 [Reeditado pela Record (Rio de Janeiro), 2008].
14 – *Paixão de Cristo, paixão do mundo*. 7. ed. Petrópolis: Vozes, 2012.
15 – *A fé na periferia do mundo*. 5. ed. Petrópolis: Vozes, 1991 [Esgotado].

16 – *Via-sacra da justiça*. 4. ed. Petrópolis: Vozes, 1978 [Esgotado].

17 – *O rosto materno de Deus*. 11. ed. Petrópolis: Vozes, 2012.

18 – *O Pai-nosso* – A oração da libertação integral. 13. ed. Petrópolis: Vozes, 2013.

19 – *Da libertação* – O teológico das libertações sócio-históricas. 4. ed. Petrópolis: Vozes, 1976 [Esgotado].

20 – *O caminhar da Igreja com os oprimidos*. Rio de Janeiro: Codecri, 1980 [Esgotado – Reeditado pela Vozes (Petrópolis), 1998 (2. ed.)].

21 – *A Ave-Maria* – O feminino e o Espírito Santo. 10. ed. Petrópolis: Vozes, 2014.

22 – *Libertar para a comunhão e participação*. Rio de Janeiro: CRB, 1980 [Esgotado].

23 – *Igreja*: carisma e poder. Petrópolis: Vozes, 1981 [Reedição ampliada pela Ática (Rio de Janeiro), 1994 e pela Record (Rio de Janeiro), 2005].

24 – *Crise, oportunidade de crescimento*. Petrópolis: Vozes, 2011 [Publicado em 1981 pela Vozes com o título *Vida segundo o Espírito* e em 2002 pela Verus com o título atual].

25 – *São Francisco de Assis*: ternura e vigor. 13. ed. Petrópolis: Vozes, 2012.

26 – *Via-sacra para quem quer viver*. Petrópolis: Vozes, 2012 [Publicado em 1982 pela Vozes com o título *Via-sacra da ressurreição* e em 2003 pela Verus com o título atual].

27 – *Mestre Eckhart*: a mística do ser e do não ter. Petrópolis: Vozes, 1983 [Reedição sob o título de *O livro da Divina Consolação*. Petrópolis: Vozes, 2006 (6. ed.)].

28 – *Ética e ecoespiritualidade*. Petrópolis: Vozes, 2011 [Publicado em 1984 pela Vozes com o título *Do lugar do pobre* e em 2003 pela Verus com o título atual e com o título *Novas formas da Igreja*: o futuro de um povo a caminho].

29 – *Teologia à escuta do povo*. Petrópolis: Vozes, 1984 [Esgotado].

30 – *A cruz nossa de cada dia*. Petrópolis: Vozes, 2012 [Publicado em 1984 pela Vozes com o título *Como pregar a cruz hoje numa sociedade de crucificados* e em 2004 pela Verus com o título atual].

31 – *Teologia da Libertação no debate atual*. Petrópolis: Vozes, 1985 [Esgotado].

32 – *Francisco de Assis* – homem do paraíso. 4. ed. Petrópolis: Vozes, 1999.

33 – *A Trindade e a Sociedade*. 6. ed. Petrópolis: Vozes, 2014.

34 – *E a Igreja se fez povo*. Petrópolis: Vozes, 1986 [Reedição pela Verus (Campinas), 2004, sob o título de *Ética e ecoespiritualidade* (2. ed.), e *Novas formas da Igreja*: o futuro de um povo a caminho (2. ed.)].

35 – *Como fazer Teologia da Libertação?* 10. ed. Petrópolis: Vozes, 2010.

36 – *Die befreiende Botschaft*. Friburgo: Herder, 1987.

37 – *A Santíssima Trindade é a melhor comunidade*. 12. ed. Petrópolis: Vozes, 2011.

38 – *Nova evangelização*: a perspectiva dos pobres. 4. ed. Petrópolis: Vozes, 1991 [Esgotado].

39 – *La misión del teólogo en la Iglesia*. Estella: Verbo Divino, 1991.

40 – *Seleção de textos espirituais*. Petrópolis: Vozes, 1991 [Esgotado].

41 – *Seleção de textos militantes*. Petrópolis: Vozes, 1991 [Esgotado].

42 – *Con la libertad del Evangelio*. Madri: Nueva Utopia, 1991.

43 – *América Latina*: da conquista à nova evangelização. São Paulo: Ática, 1992.

44 – *Ecologia, mundialização e espiritualidade*. 2. ed. São Paulo: Ática, 1993 [Reedição pela Record (Rio de Janeiro), 2008].

45 – *Mística e espiritualidade* (com Frei Betto). 4. ed. Rio de Janeiro: Rocco, 1994 [Reedição revista e ampliada pela Garamond (Rio de Janeiro), 2005 (6. ed.) e reedição pela Vozes (Petrópolis), 2010].

46 – *Nova era*: a emergência da consciência planetária. 2. ed. São Paulo: Ática, 1994 [Reedição pela Sextante (Rio de Janeiro), 2003, sob o título de *Civilização planetária*: desafios à sociedade e ao cristianismo].

47 – *Je m'explique*. Paris: Desclée de Brouwer, 1994.

48 – *Ecologia* – Grito da terra, grito dos pobres. 3. ed. São Paulo: Ática, 1995 [Reedição pela Sextante (Rio de Janeiro), 2004].

49 – *Princípio Terra* – A volta à Terra como pátria comum. São Paulo: Ática, 1995 [Esgotado].

50 – (org.) *Igreja*: entre norte e sul. São Paulo: Ática, 1995 [Esgotado].

51 – *A Teologia da Libertação*: balanços e perspectivas (com José Ramos Regidor e Clodovis Boff). São Paulo: Ática, 1996 [Esgotado].

52 – *Brasa sob cinzas*. 5. ed. Rio de Janeiro: Record, 1996.

53 – *A águia e a galinha*: uma metáfora da condição humana. 50. ed. Petrópolis: Vozes, 2012.

54 – *Espírito na saúde* (com Jean-Yves Leloup, Pierre Weil, Roberto Crema). 7. ed. Petrópolis: Vozes, 2007 [Coleção Unipaz].

55 – *Os terapeutas do deserto* – De Fílon de Alexandria e Francisco de Assis a Graf Dürckheim (com Jean-Yves Leloup). 16. ed. Petrópolis: Vozes, 2013 [Coleção Unipaz].

56 – *O despertar da águia*: o dia-bólico e o sim-bólico na construção da realidade. 24. ed. Petrópolis: Vozes, 2013.

57 – *Das Prinzip Mitgefühl* – Texte für eine bessere Zukunft. Friburgo: Herder, 1998.

58 – *Saber cuidar* – Ética do humano, compaixão pela terra. 20. ed. Petrópolis: Vozes, 2014.

59 – *Ética da vida*. 3. ed. Brasília: Letraviva, 1999 [Reedição pela Sextante (Rio de Janeiro), 2005, e pela Record (Rio de Janeiro), 2009].

60 – *A oração de São Francisco*: uma mensagem de paz para o mundo atual. 9. ed. Rio de Janeiro: Sextante, 1999 [Reedição pela Vozes (Petrópolis), 2014 (4. ed.)].

61 – *Depois de 500 anos*: que Brasil queremos? 3. ed. Petrópolis: Vozes, 2003 [Esgotado].

62 – *Voz do arco-íris*. 2. ed. Brasília: Letraviva, 2000 [Reedição pela Sextante (Rio de Janeiro), 2004].

63 – *Tempo de transcendência* – O ser humano como um projeto infinito. 4. ed. Rio de Janeiro: Sextante, 2000 [Reedição pela Vozes (Petrópolis), 2009].

64 – *Ethos mundial* – Consenso mínimo entre os humanos. 2. ed. Brasília: Letraviva, 2000 [Reedição pela Sextante (Rio de Janeiro), 2003 (2. ed.)].

65 – *Espiritualidade* – Um caminho de transformação. 3. ed. Rio de Janeiro: Sextante, 2001.

66 – *Princípio de compaixão e cuidado* (em colaboração com Werner Müller). 4. ed. Petrópolis: Vozes, 2009.

67 – *Globalização*: desafios socioeconômicos, éticos e educativos. 3. ed. Petrópolis: Vozes, 2002 [Esgotado].

68 – *O casamento entre o céu e a terra* – Contos dos povos indígenas do Brasil. Rio de Janeiro: Salamandra, 2001.

69 – *Fundamentalismo*: a globalização e o futuro da humanidade. Rio de Janeiro: Sextante, 2002 [Esgotado].

70 – (com Rose Marie Muraro) *Feminino e masculino*: uma nova consciência para o encontro das diferenças. 5. ed. Rio de Janeiro: Sextante, 2002 [Reedição pela Record (Rio de Janeiro), 2010].

71 – *Do iceberg à arca de Noé:* o nascimento de uma ética planetária. 2. ed. Rio de Janeiro: Garamond, 2002 [Reedição pela Mar de Ideias (Rio de Janeiro), 2010].

72 – (com Marco Antônio Miranda) *Terra América*: imagens. Rio de Janeiro: Sextante, 2003 [Esgotado].

73 – *Ética e moral*: a busca dos fundamentos. 9. ed. Petrópolis: Vozes, 2014.

74 – *O Senhor é meu Pastor*: consolo divino para o desamparo humano. 3. ed. Rio de Janeiro: Sextante, 2004 [Reedição pela Vozes (Petrópolis), 2013 (3. ed.)].

75 – *Responder florindo*. Rio de Janeiro: Garamond, 2004 [Reedição pela Mar de Ideias (Rio de Janeiro), 2012].

76 – *São José*: a personificação do Pai. 2. ed. Campinas: Verus, 2005 [Reedição pela Vozes (Petrópolis), 2012].

77 – *Virtudes para um outro mundo possível* – Vol. I: Hospitalidade: direito e dever de todos. Petrópolis: Vozes, 2005.

78 – *Virtudes para um outro mundo possível* – Vol. II: Convivência, respeito e tolerância. Petrópolis: Vozes, 2006.

79 – *Virtudes para um outro mundo possível* – Vol. III: Comer e beber juntos e viver em paz. Petrópolis: Vozes, 2006.

80 – *A força da ternura* – Pensamentos para um mundo igualitário, solidário, pleno e amoroso. 3. ed. Rio de Janeiro: Sextante, 2006.

81 – *Ovo da esperança*: o sentido da Festa da Páscoa. Rio de Janeiro: Mar de Ideias, 2007.

82 – (com Lúcia Ribeiro) *Masculino, feminino*: experiências vividas. Rio de Janeiro: Record, 2007.

83 – *Sol da esperança* – Natal: histórias, poesias e símbolos. Rio de Janeiro: Mar de Ideias, 2007.

84 – *Homem*: satã ou anjo bom. Rio de Janeiro: Record, 2008.

85 – (com José Roberto Scolforo) *Mundo eucalipto*. Rio de Janeiro: Mar de Ideias, 2008.

86 – *Opção Terra*. Rio de Janeiro: Record, 2009.

87 – *Fundamentalismo, terrorismo, religião e paz*. Petrópolis: Vozes, 2009.

88 – *Meditação da luz*. 2. ed. Petrópolis: Vozes, 2010.

89 – *Cuidar da Terra, proteger a vida*. Rio de Janeiro: Record, 2010.

90 – *Cristianismo*: o mínimo do mínimo. Petrópolis: Vozes, 2013.

91 – *El planeta Tierra*: crisis, falsas soluciones, alternativas. Madri: Nueva Utopia, 2011.

92 – (com Marie Hathaway). *O Tao da Libertação* – Explorando a ecologia da transformação. 2. ed. Petrópolis: Vozes, 2012.

93 – *Sustentabilidade*: O que é – O que não é. 4. ed. Petrópolis: Vozes, 2015.

94 – *Jesus Cristo Libertador*: ensaio de cristologia crítica para o nosso tempo. Petrópolis: Vozes, 2012 [Selo Vozes de Bolso].

95 – *O cuidado necessário*: na vida, na saúde, na educação, na ecologia, na ética e na espiritualidade. Petrópolis: Vozes, 2012.

96 – *O Tao da Libertação*: explorando a ecologia da transformação (com Mark Hathaway e prefácio de Fritjof Capra). Petrópolis: Vozes, 2010.

97 – *A grande transformação*: na economia, na política, na ecologia e na educação. Petrópolis: Vozes, 2014.

98 – *Há esperança para a criação ameçada?* (com Jürgen Moltmann). Petrópolis: Vozes, 2014.

99 – *O Espírito Santo* – Fogo interior, doador de vida e Pai dos pobres. Petrópolis: Vozes, 2013.

100 – *Francisco de Assis – Francisco de Roma*: a irrupção da primavera? Rio de Janeiro: Mar de Ideias, 2013.

101 – *Ecologia: grito da Terra, grito dos pobres* – Dignidade e direitos da Mãe Terra. Petrópolis: Vozes, 2015.

102 – *A Terra na palma da mão* – Uma nova visão do planeta e da humanidade. Petrópolis: Vozes, 2015.

CULTURAL

Administração
Antropologia
Biografias
Comunicação
Dinâmicas e Jogos
Ecologia e Meio Ambiente
Educação e Pedagogia
Filosofia
História
Letras e Literatura
Obras de referência
Política
Psicologia
Saúde e Nutrição
Serviço Social e Trabalho
Sociologia

CATEQUÉTICO PASTORAL

Catequese
  Geral
  Crisma
  Primeira Eucaristia

Pastoral
  Geral
  Sacramental
  Familiar
  Social
  Ensino Religioso Escolar

TEOLÓGICO ESPIRITUAL

Biografias
Devocionários
Espiritualidade e Mística
Espiritualidade Mariana
Franciscanismo
Autoconhecimento
Liturgia
Obras de referência
Sagrada Escritura e Livros Apócrifos

Teologia
  Bíblica
  Histórica
  Prática
  Sistemática

REVISTAS

Concilium
Estudos Bíblicos
Grande Sinal
REB (Revista Eclesiástica Brasileira)
SEDOC (Serviço de Documentação)

VOZES NOBILIS

Uma linha editorial especial, com importantes autores, alto valor agregado e qualidade superior.

VOZES DE BOLSO

Obras clássicas de Ciências Humanas em formato de bolso.

PRODUTOS SAZONAIS

Folhinha do Sagrado Coração de Jesus
Calendário de mesa do Sagrado Coração de Jesus
Agenda do Sagrado Coração de Jesus
Almanaque Santo Antônio
Agendinha
Diário Vozes
Meditações para o dia a dia
Encontro diário com Deus
Guia Litúrgico

CADASTRE-SE
www.vozes.com.br

EDITORA VOZES LTDA.
Rua Frei Luís, 100 – Centro – Cep 25689-900 – Petrópolis, RJ
Tel.: (24) 2233-9000 – Fax: (24) 2231-4676 – E-mail: vendas@vozes.com.br

UNIDADES NO BRASIL: Belo Horizonte, MG – Brasília, DF – Campinas, SP – Cuiabá, MT
Curitiba, PR – Florianópolis, SC – Fortaleza, CE – Goiânia, GO – Juiz de Fora, MG
Manaus, AM – Petrópolis, RJ – Porto Alegre, RS – Recife, PE – Rio de Janeiro, RJ
Salvador, BA – São Paulo, SP